選ばれる
歯科医院の
つくり方

はじめに

ご縁があって本書を手に取ってくださった皆さま、ありがとうございます。本書の性質上、読者の皆さまは歯科医の先生。それも現在はどちらかの病院やクリニックに勤務され、開業を考えている20代から30代の方、すでに経営されているものの、うまくいかない、もっと繁盛させたい――という30代、40代くらいの方が多いのではないかと思います。

そんな皆さんに、はじめから悪いニュースをお話しするようですが、正直、私は安易な新規開業には反対です。というのも、これからの歯科医業界は厳しさを増す一方だからです。

今や、歯科業界は規模と収益の両方で完全な2極化が起こっています。バブルの頃に開業した現在60代前後の先生が経営する歯科医院は、患者数に対して同業者が少ない時代に手厚い健康保険制度と税制により保護されていました。それに甘え、多くは設備・技術面で陳腐化して売上も右肩下がりのなか、経営努力に熱心だった少数の医院だけが一定の大規模化を果たしています。一方、それ以後に開業した現在30~40代の先生は、同業者が激増するなかで患者数が増えず、経営的に苦労している方が多いと思われます。

こうした傾向は10年後にはいっそう著しくなり、現在60代の先生がほぼ引退して小規模歯科医院は激減。残る若い先生のクリニックも今のままの経営では立ち行かなくなり、最新機器の導入もままならず、日本人スタッフの確保さえおぼつかなくなるのは必至です。そうなると、先にあげた大規模化した医院が人員も患者さんも独占し、大が小を食う状況に陥るのは間違いありません。実際、２０１６年の厚生労働省「医療施設（動態）調査・病院の概況」によると、歯科診療所は約１７００件の開設に対し、約１４００件が閉院していますが、これには高齢による廃業のほか、経営不振が理由のケースも相当含まれているはずです。

背景には、世界に類のない少子高齢化の影響があり、全国的に患者総数が減少するのに加え、財源不足からくる健康保険制度の破綻と、それに先行してのさまざまな給付制限が予想されます。なかでも極端な人口減が起こる地方では、高齢化が急激に進むのは確実ですし、健康保険の面でも義歯の作成（対象はほとんどが高齢者です）が適用外の自由診療扱いになるなどの激変があるでしょう。自由診療は一見、歯科医側に有利のようですが、診療費の上昇から結局は患者数のますますの減少を招き、負のスパイラルに陥るのは明らかです。そうなれば、歯科医院は価格競争に耐えられる大規模医院以外、本当に厳しくなります。

本書は、こうした状況のなか、それでもご自分の歯科医院を開院され、成功を収めたいと思うファイトある若い先生方のために書きました。基本方針となるのは、これからの歯科医には医療面での技術はもちろん、それ以外のさまざまな面、とりわけお金にかかわる経営面に明るくなければならない、ということです。本書中でもたびたび書いていますが、患者さんというのは治療の良否については、痛いかどうか、よく噛めるようになったか程度で、専門的な技術についての判断を求めるのはそもそも無理。医療の質をハイレベルに保つのはむろん当然ながら、患者さんのハートをつかむのはそれ以外の、たとえば設備の新しさや快適さ、スタッフの対応などで決まることが、じつは少なくありません。

そうであれば、歯科医師の側も「質の高い治療さえしていれば大丈夫」という固定観念は捨て、経営について幅広くしっかり知っておかないといけない。特に本書では、経営における原価率を常に意識すること、健康保険の仕組みに精通しこれを上手に活用すること、というふたつの面からユニークな施策や驚くようなアイデア（たとえば、臨床面ではインレーやブリッジをするな、など⁉）を紹介しております。

これから先、意欲と知恵のない歯科医は淘汰されるのみ。しかしながら、2極化のなかで小なりといえども、オンリー&ベストワンになるための経営努力を積み重ねれば、地域一番の歯科医院になることも不可能ではありません。本書には、そのヒントを私自身惜しげもなく、と感じるほどに満載しています。ぜひ、ボロボロになるまでご活用ください。

Contents

Contents

Contents

Contents

経営

〜選ばれる歯科医院のつくり方〜

・ヒト
・モノ
・コト
・カネ
・キッズ

経営
ヒト

根性論ではなく、数字を重視せよ

とある、歯科の経営セミナーでの光景に首を傾げました。入場から講師とハイタッチ、そして大声で挨拶――患者さんが雰囲気で医院の良否を判断していることが多いのを考えれば、もちろん大きな声での返事や笑顔は大事です。でも、わざとらしい、嘘くさいのは、すぐにバレてしまいます。第一、朝からハイタッチや円陣を組んでの「エイエイオー」の掛け声など、院長自身も恥ずかしくてできたものではないでしょう。

同じ意味で、よく耳にする「真剣に取り組む」とか「とにかく頑張る！」というのも悪しき根性論。歯科医院の経営には、むやみな根性論などより具体的な目標を立てることが大切であり、それにはやはり数字による評価が欠かせません。

数字と言えば、レセプト枚数はどなたも気にしておられると思います。加えて、新規患者さんの数もまた然り。

でも、私が一番大事にしているのは労働生産性です。

すなわち、スタッフひとりが1日に稼ぎ出した金額であり、1日の医療収入を働いた人数で割って求めます。それを1カ月集計してみて、80万円を切るようですとスタッフの待遇改善も設備投資もできない状況です。100万円を超えるようになると、少しは余裕が出てきます。そして150万円を超えれば、待遇改善も十分にでき、設備もどんどん買うことができるようになるのです。

労働生産性は、固定費の大部分を占める人件費から見た経営指標です。この観点から見ると、たとえ月間500万円あったとしても安心はできません。その500万円というのが、10人で稼ぎ出した数字なのか、3人で稼ぎ出した数字なのかが重要なのです。仮に10人なら月ごとの労働生産性は50万円。3人ならば167万円。月の売上が同じ500万円でも、前者はほとんど倒産状態で後者は何でも買える状態と、ご理解いただけたと思います。

経営の数字で、もうひとつ大切なのは原材料費の原価率です。原材料は歯科の場合は材料費と技工料であり、多くの医院では、この原価率は18%程度と言われています。仮に年間の売上が1億円とすると、18%で1800万円。10%に抑えられたなら1000万円で、差額は800万円となり、納税後の手元資金でマイクロスコープが1台買えます。

原価率を平均以下にするには、歯科衛生士（以下、衛生士）の方に頑張ってもらうことがポイントです。事実、当会の原価率は、一般歯科を扱っている3院では約11%、小児歯科専門の院ではじつに5%と、これをしっかり抑えることに成功しています。

経営
ヒト

節約を言うより、予約のキャンセルを減らせ

他の歯科医院から来たスタッフに聞くと、世間の歯科医院は意外なほどケチだということがわかります。なかでも、材料費の節約に関しては相当うるさく言われているようです。ご存じの通り、歯科材料は高価です。ですので、節約は当たり前でしょう。でも、材料の節約というのは、出費を抑え手元に残る分を増やすだけに過ぎません。それよりもっと、前向きに売上を伸ばす方法はないでしょうか？

ここで、治療の種類にもよりますが、患者さんがひとり来院されれば、おおよそ5000円程度と考えてみた場合、やるべきことがわかってくると思います。そう、キャンセルの抑制です。来院予約のキャンセルをひとり減らすほうが、節約をうるさく言うより、よほど効果があるのです。

別項でも書いたように、キャンセル率は10％を超えると医院側に何らかの問題、つまり治療の質や、待ち時間、ホスピタリティ等の問題があると言われます。また、どんなに頑張っても、5％の壁はなかなか破れないとされています。ですから、このキャンセル率を5〜

10%以内にするほうが、ずっと成果が上がるのです。当会では、グローブに関しても口うるさいことはいっさい言いません。言わないほうが、スタッフが気持ちよく仕事ができるからです。その代わり、キャンセルを防止するシステムがきちんと確立しています。

キャンセル以外にも、積極的に売上を上げるポイントはあります。それは、歯科医療の構造を根本的に見直すという点――簡単に言うと、歯を削って印象をし、その詰め物を技工所でつくって、それを装着するという従来型の歯科医療プロセスからの脱却です。

その違いを測る物差しがあります。原価率です。これが18%程度か、それ以上だと、その医院では従来型の歯科医療をしていることを示しています。しかし、従来型とはまったく違う歯科医療を行うと、原価率は11%程度まで目に見えて抑えられるのです。

この、7%の差は総売上に対する比率であり、非常に大きいということはおわかりでしょう？　年間医療収入が、5000万円程度の標準的な歯科医院の場合で350万円の差になるのです。これがもし1億円の医療収入があるとすると700万円にもなります。こうなると、余裕でスタッフ2名の雇用ができてしまうのです。

要は、材料費の節約を言うより、キャンセル対策と医療プロセスを改善することが大切。そのことを肝に銘じ、スタッフに対し後ろ向きにうるさく言うのはやめにしましょう。

経営
ヒト

給与の支給日は絶対に守れ

簡単な話なのですが、意識しておかないときちんと守れないことのひとつとして、給与のことがあります。労働の対価と言ってしまえばそれまでですが、給与には、やはりスタッフへの感謝の気持ちが含まれていなければならないと思っています。

スタッフの側にも毎月いろいろな支払いがあり、代表的なものが家賃です。もし、給与が一日でも遅れてしまうと家賃の引き落としができなくなり、彼女や彼らの雇用主に対する気持ちは「感謝」ではなく「怒り」になってしまいます。同じ額でも1日遅れるだけで、せっかく支払う給与の価値が変わってくるのです。

歯科医院を経営するようになると、勤務医の時には見えなかった支払いがたくさんあるのに気がつきます。その代表例が税金各種であり、これは絶対に自動引き落としにしておく必要があります。なぜならば、納税期限は問答無用。以前は少しは待ってくれたようですが、現在では、遅れた日数分だけ延滞税という名目の追徴が待っています。

ただ、税金の支払いはたとえ遅れても、お金で解決できます。しかし、スタッフの信頼は、給与の支給が1日遅れただけで確実に失われてしまうのです。

税金という面で言うと、給与から所得税の源泉徴収をしなければなりません。2017年には市県民税等の地方税の納付義務も事業者側に義務づけられました（これは個人事業の医院でも医療法人でも同じで、事務負担ばかり事業者に押し付け、取りはぐれがないようにしながら、こちらには何もメリットがないのは腹立たしい限りです）。

このように源泉徴収、つまりスタッフの所得税や地方税を計算して、その個人に代わって納税をするなどの煩瑣《はんさ》な手続きもあるため、給与に関してはよほど心してかからないと、大切な支給日に遅れてしまいかねません。多くの場合、こうした事務処理は税理士に依頼すると思いますが、ギリギリの日程で依頼した場合、必ず間に合うという保証はないでしょう。だからこそ、余裕をもって給与の計算を委託する必要があります。

とりわけ開業して間もない頃は入金より出金が先行して、資金繰りもままならないでしょう。そんな場合にも最優先して支払うべきなのが、スタッフの給与です。業者への支払いは、後で多少高い材料を買わされることがあっても、商売ですので待ってもらえますがスタッフの信用はお金には代えられません。

スタッフあっての歯科医院、ひとりではよい医療はできないのです。

経営
ヒト

スタッフとは面談をしろ

と言いながら、じつは私は面談はあまり好きではありません。それが、経営セミナー等で必要性を説かれた時だけ（？）「やっぱり必要だな」と感じ、その当座だけでもやってみる。面談では日頃聞けない話が聞けるなど、いいことが多いからです。

歯科医院の多くは、女性が主役の職場です。彼女たちは、ふだん言いたい事があっても忙しく、なかなか言いにくかったりします。すると、いろいろな不平不満が溜まりに溜まって、一気に噴出！　などという事態になりかねません。ある歯科医院の院長が朝出勤すると入口に鍵が掛かっており、不審に思いつつ自分で鍵を開けて入ったところ、そこに全員の辞表が置いてあった、などという恐ろしい話もあります。

よく、〝男性脳〟と〝女性脳〟という比較がありますが、女性の場合、会話において何らかの〝結論〟を出すというのではなく、とにかく話をする、相手に聞いてもらうことが重要であり、それがストレスの発散につながるという傾向があるように思います。要は、面談は一種のガス抜き――ある日突然「院長、今日の帰りに少しお時間をいただけますか？」

と暗い顔で言われ、夕方まで一日鬱々としないでもすむためと思ってください。

具体的には、少なくとも半年に一度はスタッフと面談し、日頃心配なことや、改善をしたほうがいいことをどんどん話してもらうのです。院長とスタッフが親子ほどに歳が違うような場合、ありのままの話をしてくれるかどうか平素の人間関係にもよると思いますが、大事なのは話を聞くという態度を示すことだと思います。一般的な日本の歯科医院では、院長以外のスタッフは3人程度ですし、時間もさほどかからないでしょう。

そうした場合には、たんに不平不満を聞くだけでなく、彼女たちに自ら仕事上の目標を設定してもらうことも忘れてはなりません。仕事の性質上、数値目標を立てるのは難しいですが、具体的に「○○ができるようになる」などの目標を掲げさせるのがよいと思います。

私の経験上、院長自身が事務まですべてやっている場合、スタッフの数が20人を超えると、休日はおろか余暇の時間は一切なくなります。当然、事務専門のスタッフが必要になりますが、これについては事務長に面談をしてもらうのもよいでしょう。医療スタッフと事務方では仕事の内容にも違いが多く、院長や理事長には言えないこともあるからです。

当会ではパートの事務職に始まり、続いて常勤事務職、そして事務長を採用しました。事務長は医院経営の中枢を担う立場であり、採用に当たってはそれなりの給与は絶対に必要です。人柄や素行、信用も重要ですので、兄弟や昔からの友人の採用をお勧めします。

経営
ヒト

続けることに意義がある

私が続けていること、それは診療がある日は毎日、朝礼メールを出し続けるという習慣です。およそ3年におよびます。学会などで海外にいても、なるべく日本時間に合わせて発信をしています。なぜ、そのようなことをするのでしょうか?

仮に歯科医師1名とスタッフ3人程度ならば、そうしたことはむしろうるさく感じられるかもしれません。しかし、新しく医院が増えた場合はどうでしょう。理事長はひとりですから、頻繁には行けず、スタッフとの会話もできません。そうなりますと、同じ医療法人の歯科医院のはずが、いつの間にかまるで別のものになってしまうと考えたからです。

そこで、法人の目指す方向などをメールに書いて、出勤前のスタッフに送るのです。そこには、おもに学術的な考えや健康保険のことが書かれています。衛生士学校からの実習生を迎えた時には、国家試験に出そうな問題も載せることもありました。始めてから最初の1年間は、こちらから出すだけで、1時間かけて苦労して書いても、ほとんどのスタッフは読んでいないことに気が付きました。というのも、メールで伝えた内容について質問しても、答えられないスタッフが多かったからです。

それからは、Googleの「フォーム」というアプリを使って配信することにしました。これは、ウェブ上のフリーソフトで、ただのメールとは違って双方向。つまり、受信側も回答や質問を書くことができるのです。メールでも返信してもらえば双方向が可能ですが、私にスタッフひとりひとりのメールを読んでいる暇は当然ありません。それが、このフォームなら、記述式の質問から選択式の質問まで、とても簡単につくることができます。しかも素晴らしいことに、excelのようなスプレッドシートに自動的に回答を集計し、質問に点数配分までできてしまうので、誰が何点取ったのかもすぐにわかるのです。

これを使うようになってからは、朝礼メールを前よりずっと読んでもらえるようになりました。スタッフは皆、出勤途中にスマートフォンで読んで、回答をしてくれています。ただ、朝礼メールを毎日つくるのはなかなかに大変です。軽く1時間はかかってしまいますが、これも診療中などに少しずつつくっておけば、朝の作業はかなり軽減されます。そして、たとえば学術的な事柄も毎日こつこつ発信すれば、1年で200項目程度を覚えてもらうことができ、その蓄積はかなりの知識になるはず。結果、法人としての考え方も意思統一が図れるのではないか、と期待をふくらませています。

経営の極意は継続、まさに継続は力なり、です。

経営
ヒト

勤務医にはすべてを教えて練習をさせろ

皆さんは勤めている歯科医院内で、ただの〝診療マシーン〟にされていませんか？　本来、勤務医として入職するのは、いろいろと経験して学べるという側面が大きいはずです。

では、そもそも歯科医院のほうで勤務医を採用しようと思う時、どんな条件が必要でしょうか？　まずはユニット数です。2台では、どんなに患者さんが来ようが勤務医を採用しても非効率になるだけです。なら、3台ではどうでしょうか。当会のようにメインテナンスを衛生士に任せる診療形態の場合は、やはり効率はよくないでしょう。勤務医を雇おうという場合には、少なくとも4台のユニットがなければならないと思います。

来院者数についてはどうでしょう？　私の経験では、レセプト枚数が300枚を超える程度にならないと、勤務医の採用はかえって非効率です。それは、教育する時間が必要になってくるからです。

もともと歯科医師は職人気質です。全部自分でやらないと気がすまないのです。そのほうが速いと思っています。また、いずれ商売敵になるからと、勤務医にはあまり丁寧に教えないという話も耳にします。

そうかもしれませんが、教育することには何ものにも代えがたい大きなメリットがあります。それは、自分のため――人に教えるには、自分の知識の整理が不可欠になるからです。

私は、日本の歯科医療の底上げのためにも勤務医には自分の持っている知識や技術をとにかく伝え、もし地元に帰っても、よい歯科医療をしてもらいたいと思っています。きれいごとと思われるかもしれません。しかし、そう思って教育していかないと、同じ院内で治療の方針ややり方がてんでんばらばらで、まるで違う歯科医院が同居しているような状態になってしまいます。そうならないために、教育は非常に大事なのです。それも、何より考え方の基本を教えなければなりません。

勤務医には保険治療だけをやらせ、院長はインプラントなどの自由診療しかやらない。そんなおかしな事をしていると、院長はいつまでたっても引退できませんし、もしも病気で倒れてしまったら、歯科医院運営は立ち行かず、給与さえ支払えなくなります。

よって、私はどんな勤務医にもすべてを教え、練習をしてもらい、何でもできるようにしておくことが大切だと考えています。もちろん、段階を踏むことは忘れてはなりません。ある程度のハードルは設けておかなければ、保険診療すらまともにできるようにならないからです。

経営
ヒト

衛生士の給与は報奨制も考えろ

衛生士の本来の仕事について考えてみましょう。

衛生士の3大役割と言えば、①歯科予防処置、②歯科診療補助、③歯科保健指導ですが、経営面で大切なのはこのうちの①と③を行わせ、②をさせないということです。

なぜかと言うと、②の歯科診療補助には直接的な点数がないからです。一方、①と③には点数が定められています。たとえば、①に関しては歯周安定期治療やシーラントがあり、③に関しては口腔衛生指導があげられます。これに対し、診療補助は直接、点数をあげることはほとんどできません（この「ほとんど」には含みがありますが）。

このように、衛生士は診療補助以外の仕事で着実に点数をあげられるのです。こうした意味から、当会では衛生士に任せている仕事はほとんどがメインテナンス業務のみです。

この場合に重要なことは、衛生士のスキルレベルに応じて、その点数収入を賞与などで評価してあげることです。

ご存じの通り、衛生士は人材争奪戦がくりひろげられている状況で、神奈川県について言えば昨今は、20以上の歯科医院が1人の衛生士を奪い合っている状況です。その際、お金だけがすべてではないにせよ、彼女たちも生活していく以上、職場の雰囲気が悪くなければ、給与が高いほうを選ぶのは当然だと思います。であるなら、スタッフ確保のためには一律に給与水準を上げればよいのでしょうか。しかし、それが歯科医院の経営圧迫要因になるようでは、元も子もありません。

私はいろいろ考えたあげく、歯科医院もハッピーで衛生士もハッピーというウィンウィンの関係のためには、マイルドな歩合制の導入という考えがよいのではないかという結論に達しました。「マイルドな歩合制」というのは、歯科医師の診療のように施術の点数がわかりにくい面があるためそう呼んでいるわけで、しかも当会では「歩合」ではなく「報奨手当」と呼んでいます。

そのため、当会では衛生士が行った項目が、ある程度まで分類できるようレセコンを変更し、実績の把握を実現しました。また、矯正やインプラントの印象、補綴のテックの作成などは、電子予約簿から、「ファイルメーカー」というソフトを使って抽出しています。

このように報奨手当には、基本的な給与に付け加える歩合給与的な性格をもたせています。

経営
ヒト

衛生士をミニ歯科医師にせず、原価率を意識せよ

衛生士がミニ歯科医師？　それと、原価率。一見、何の関係があるかおわかりにならないかもしれませんが、これらは密接に関連しています。

まずは、私が以前行っていた診療スタイルをご紹介しましょう。ユニット2台、片方で形成をして、そのあとを衛生士が印象。もう1台でも同じように形成をして別の衛生士が印象か、インレーやクラウンの試適をする。

つまり、2台ならば2台すべてを治療に使ってしまうのです。これは3台でも同様。日本の多くの歯科医院が、このモデルで動いているはずです。また、歯科経営コンサルタントと呼ばれる人たちも「これができなければダメ」と言います。つまり1ドクター3ユニット制です。当然、診療予約もこれに合うように交互で入れていきます。

しかし、このやり方では、どうしても補綴治療主体になります。見かけの売上は上がりますが、高い金銀パラジウム合金を使い、技工料を払うと、手元にそれほど残りません。多くの歯科医はそこに気づかず、現状が当たり前だと思っているのです。

そこで私は、ある時点からユニット2台でも1台を歯科医師が専有、もう1台を衛生士が使うように変更しました。深い考えがあったと言うより、マイクロスコープの使用に慣れてしまったため、マイクロスコープのある方でしか診療ができなくなったからです。

すると、どうなったか？　マイクロスコープで精密な診療が可能になったことと、レジンの性能が大幅によくなったことにより、印象をせずにレジン充填で終えられるようになったのです。結果、技工料と歯科材料費、つまり原価が大幅に減少。加えて、衛生士がもう1台を歯科予防処置や保健指導に使えるようになり、さらに原価率を下げることができました。衛生士の仕事は歯科医師と違い、技工料がかからず、材料もポリッシングのペーストぐらいですむのですから、これは当然のことです。

原価率とは、技工料と歯科材料費の合計が総売上に占める割合を言います。ここで、治療主体の原価率はおおよそ18％、つまり衛生士にミニ歯科医師の仕事をさせている場合がこの数字に当たります。それを治療型から予防型に変更するだけで、10％程度に抑えられるのです。仮に年間1億円の医業収入があれば、その差は8％で800万円！　このお金をスタッフの待遇改善や、設備更新に使えばよいのです。

おわかりでしょう？　歯科医院経営においては、衛生士の存在が鍵を握る。なかんずく、その衛生士の仕事の活かし方が重要なのです。

経営
ヒト

院長は教えるのも仕事だと思え

院長の仕事と言えば、患者さんの治療が最も大事なのは当然です。歯科医師が手を動かさなければ、お金は入らず、経営が成り立たないからです。他にも、給与計算の準備、振込などと、意外と雑務は多いもの。そんななか、一番後回しになりがちなのがスタッフ教育ではないでしょうか。最近は、DVD教材などもありますが、そんな物でスタッフ教育ができれば苦労はありません。そうなると、スタッフに教えて何かやってもらうより、自分でやってしまったほうが速い、と考えてしまいがちです。

私も以前はそうでした。衛生士にテックのつくり方を教えてやってもらうより、自分でパッとつくってしまったほうがずっと速いからです。しかし、こうしたことをやっている限り、院長は忙しいだけで自分の時間はつくれません。

8年前、私の歯科医院はスタッフが3人でしたが、現在では4つの歯科医院で合計50人以上のスタッフがいます。この状況になると、院長ひとりで全部の仕事を行うことはとうてい無理ですので、いろいろなことをスタッフに教え、権限を移譲していかざるを得なくなります。そうしてみてわかったことは、自分でしかできないこと以外は教育をして他の人にやってもらうほうが、経営的にもずっといいということです。

具体的には、まず教えて、それから練習をしてもらいます。教える内容は実技だけではありません。実技の基礎になっている考え方も教える必要があります。人生経験の浅い若い人には、論理的な思考ができない人が結構います。そういう人には、現状はこうだから、これを改善するためには、こうしなければならない、と順を追って細かく指導していかなければなりません。

私も若い頃は、3回聞いてそれができない自分は馬鹿だと思っていました。今では、そんなことは思いません。たとえ6回聞いても、普通はなかなかできないものです。それは漫然と聞いているだけで、脳に刻み込んでいないからです。よく、教育の効果が一番上がらないのは聞いているだけの座学。逆に一番効果が上がるのは、教える側に立つことと言われています。当会の例を見ていても、それまで教わる側にいたスタッフに後輩ができて、教える側にまわったとたんに驚くほどの成長が見られるケースがたくさんあります。

そのためにも、最初はやはり院長がスタッフに教えなければなりません。これは気長に行う必要があります。しかし、それが成功すれば院長は自分の時間ができますので、さらに生産性が上がることは間違いないでしょう。

経営
ヒト

ユニフォームはたまには替えろ

スタッフのユニフォーム、皆さんの歯科医院では長年同じままにしていませんか？別項にも書いたように、歯科医院は女性が主役の職場です。その女性は、男性が考える以上に着るものに対する強い関心をもっています。事実、女子高生の皆さんが志望校を決める時には、制服のデザインも大きなポイントになるのだとか。そう考えると、私たち医療の現場でも衛生士にとって好ましい職場環境を整えるため、ユニフォームにはもっと関心をもってよいのではないかと思うのです。

ということで、当会では衛生士の制服は数年に一度は変更するようにしています。現在のユニフォームはアディダスです。以前はもう少しかっちりとした看護師風の制服にしていたのですが、インプラント学会での商社展示を見て変更しました。

すると、さすがにスポーツウェアメーカーの製品ということもあり、なんとなく動きが速くなって、生産性が上がったような気もするのです。それにより、10人以上いる衛生士の制服を1人2着ずつチェンジしても、費用以上の効果を感じることができました。

制服にはまた、スタッフのモチベーションアップの効果もあります。

当会では衛生士の制服は、就職した段階では歯科助手（以下、助手）と同じものにしています。そして、ある段階に達したところで、先輩の衛生士と同じ制服に変更するのです。この〝段階〟については、明確な目安があるわけではありませんが、おおよそ3カ月程度としています。こうしたプロセスを経るのは、新人に対して半人前であることを自覚させる一方、早く一人前になってほしいという気持ちを込めてのことです。先輩衛生士の声を聞くと、助手の制服から衛生士の制服に替わった時にはやはりうれしく、やる気が出たそうです。

また、職域により、そこにふさわしいユニフォームを着用することも、大事だと思います。たとえば､当会が運営する「都筑キッズデンタルランド」は小児歯科専門歯科医院なので、助手はアロハシャツ、衛生士と歯科医師はポロシャツとしています。色については、当初は女性はピンク、男性はブルーとしていたのですが、女性歯科医師や男性衛生士が入職したため、患者さんからは誰がどういう権限をもっているのかがわかりにくくなってしまいました。そこで性別による色分けをやめ、歯科医師はブルー、衛生士はピンクというように職務で違えたところ、とてもすっきりしました。

たかが制服、されど制服です。

経営
ヒト

有給休暇は取らせろ

年次有給休暇の日数は法律で決められています。私はユニット2台で開業していた頃から、有給休暇については法定基準で付与し、取得の申請を断ったことがありません。

経営側の本音からすると、忙しい時期など、従業員には休みなしで働いてほしい気持ちになるのは否めません。しかし、働く側からするとどうでしょう？　法律で決まった権利を行使できないのは理不尽な話です。そしてそれは、職場全体の士気や雰囲気を考えるうえで、大きなマイナスとなる恐れがあります。

ただ、たとえばスタッフが3人の場合、有給休暇の合計は1年目のスタッフが3人としても、ひとり10日で合計30日。歯科医院の場合、週休2日なら月間の稼働日数は20日程度ですので、年に1カ月半はスタッフがふたりしかいないことになります。そのため、取得に際しては、かなり前に申告してもらう必要があり、それに応じ仕事量を調整しなければなりません。

ここで思い出していただきたいのが、有給休暇の取得に関しては、5日を超える部分に対し労使協定を結ぶ必要がありますが、計画的に付与することが法律で認められているという点です。つまり、院長が学会や研修会などで休診する時期に合わせ、有給休暇を消化することができるのです。これをうまく使わない手はありません。夏休みや年末年始休暇のうちの1日も、それで消化することもできるのです。

スタッフに気持ちよく働いてもらうには、気持ちよく有給休暇を取ってリフレッシュしてもらう必要があります。

一方、少々納得できないのが、パートに対する有給休暇です。パートというのは任意の時間に労働をすることなのですが、1週間に1度しか勤務しない場合でも、半年を経過すれば1日の有給休暇が認められるのです。このパートの有給休暇には、取得の計算が非常に煩雑になるという問題もあります。勤務が不規則なために、取得の基礎になる日数を算定するのが非常に難しいのです。このため、個人の歯科医院などではかなりハードルが高いのが事実ですが、大手のスーパー等では実際に付与されています。

要は、このようなパートタイム職員の有給休暇の問題でさえも、個人経営の小さい歯科医院には不利に働くということです。ある程度の規模であれば事務スタッフがいますし、社会保険労務士も顧問に入っていますので、これら算定の面倒な制度の導入も障害にはならないでしょう。

経営
ヒト

求人は媒体を間違えるな

求人は、事業を行ううえで避けて通れません。歯科医院をバスに喩えれば、乗っている人＝スタッフは同じ行き先をめざしていることが必須の条件。ひとりでも違う方向をめざしているなら、バスを停め、その人に降りてもらわなければなりません。走っているバスを停めるとは、どういうことか？　それはつまり、院内のゴタゴタを意味します。

そうならないためにも、同じ方向をめざしてやっていけるスタッフを採用しなければなりません。ただ、歯科医師や衛生士のような専門職は、選考はなかなか難しい半面、専門教育を受けていますので、教育内容と実際の仕事とのギャップはそれほど感じないのでしょう。それほどすぐに退職しないのが現状です。

これに対して助手の場合、歯科医療の専門教育はいっさい受けていませんので、実際の仕事内容は知らない人がほとんど。そのため、採用して数日で辞めるような場合も多く、採用に当たっては、専門職採用の時以上に選考基準を厳しくしておく必要があります。当然、応募者がある程度多くないと、よい人材を選ぶことはできません。

では、応募者を集めたければ、どんな方法を考えればいいでしょうか？　ひと昔前ならハローワーク、そうでなければ専門学校への求人票の提出などが一般的でした。

しかし現在、そうした手段はかなり時代後れになった感があります。それは、スマートフォンが出現したからにほかなりません。今や20代前半の人たちはパソコンもそれほど使わず、すべてスマホですませる傾向が強いのだとか。ある患者さんから聞きましたが、息子さんは就職活動をすべてスマホですませ、それで入社したそうです。

このように、今の時代はスマホが活用できるような就職サイトを利用しなければ、質量ともに十分な人材の応募はあり得ません。当会でも以前は、ハローワークに募集をかけたり、4年制の大学に求人を出していましたが、反応はさっぱりでした。インターネットの医療介護向け求人サイトの「GUPPY」にも掲載しましたが、このサイトは医療職の応募者は多いと聞くものの、助手のような一般職の求人はまったくダメでした。

現在ではリクルートの「とらばーゆ」を使っています。「とらばーゆ」と言うと、以前は紙媒体しかなかったのですが、今はネット限定の媒体になっています。当然、スマホ対応です。この媒体を使うようになってから、助手の採用に関しては今までにない反響があります。もちろん、都市部と郊外では事情が違う部分もあると思いますが、いずれにせよスマホを意識した媒体でないと、これからの求人はおぼつかないと思ってください。

経営
ヒト

採用前はSNSを調べろ

10年ひと昔——それが、今も30年前と変わらず鋳造修復を行っている歯科業界。50代以上の歯科医師の場合、パソコンと聞くとアレルギーを起こし、使おうとしない人も少なくありません。ところが技術の進歩は恐ろしいほど速く、最近の20代前半の人たちの場合、それより上の世代では考えられないようなことが起こっているのが事実です。

というのは、近年当会に入職するスタッフのなかには、パソコンのキーボードを打てない人がいるのです。つまり、パソコンは持っておらず、代わりにスマートフォンをフルに活用。ですので、スマホ画面のタッチパネルのフリック入力はじつに速い！

そんな彼ら彼女らですから、携帯電話やスマホの操作には非常に精通しており、歯学部などでもレポートを書かせると、携帯で入力させたほうが速いと聞きます。そんなふうですから、就活でも情報はすべてスマホで探し、エントリーをするという具合です。

そうであれば、こちらとしてもスマホでできる事には注目しておかないといけません。

たとえば、採用の際の個人情報のチェック。報道などで個人情報のもつ重要性が叫ばれているにもかかわらず、若い人たちはびっくりするほど無頓着です。その代表格がFacebookやTwitterなどのソーシャルネットワークサービス（SNS）であるのは言うまでもないでしょう。

当会ではスタッフを採用する場合、当然ながら履歴書を見ますし、出身高校の偏差値もすべて調べます。そのうえで本人のSNSを探し、ウェブでの検索もしっかり行うと、鈴木さんや田中さんなど世間に多い苗字の方は無理としても、意外なほど応募者ご本人の情報に行き当たることが多いのです。

SNSでは特に、掲載されている写真をよく見るようにします。ご本人の周囲にどのような人が写っているか？　普段、どこに行っているのか？　そこに、一般的な公序良俗に適さない雰囲気がないかどうかを確かめるのです。これらSNSから得られる情報は、かなり貴重だと言えるでしょう。

一方、応募者のほうでも医院のホームページ（HP）やFacebookは事細かに見ているものです。特に衛生士の場合は、職場の雰囲気を第一にあげる人が多く、掲載する内容はそのことを意識したつくりにする必要があると思います。

そしてもちろん、医院のHPはスマートフォンにも対応するようにしておかなければならないのは、申すまでもありません。

経営
ヒト

顧問として本当に必要な人

顧問と言えば、経営についていろいろ相談に乗ってもらう場合と、外部に実務を委託する場合があります。その代表格が顧問税理士でしょう。歯科医は税務処理に対して素人ですので、どうするべきかを相談し、確定申告書をつくってもらうことになります。

ただ、税理士にお願いしても、実際の実務は事務所のスタッフがして、本人はハンコを押すだけのような形態も多いのではないでしょうか。助手にすべてを任せ、最後に「いいでしょう」と言うだけの歯科医師のようなもので、経営的な相談をしても明確な回答は得られず、たんに確定申告書をつくるだけの存在になっている顧問です。

それも道理で、本人が歯科医院の関与先をたくさんもっていれば、統計的な情報を得ることもできるでしょうが、1軒や2軒ではお話になりません。私はやはり多くの歯科医院を顧問先にもっている税理士事務所に頼むべきだと思っています。たんなる記帳や申告書の作成なら、今どきはパソコンの会計ソフトを使えば、さほどの知識がなくとも大丈夫（実際、私は10年間にわたり、確定申告書は自分で作成しました）。それよりは、もっている情報を提供してもらい、経営に対し税務のプロとしての的確なアドバイスをしてくれることこそ、顧問の存在価値であるはずです。

歯科医院経営に必要な専門知識を有した人のふたりめ、社会保険労務士（社労士）です。スタッフ数が2〜3人のうちは必要ありませんが、10人を超えるようなら顧問をお願いしたほうがよいでしょう。社労士の仕事はスタッフとの労務問題を調整したり、賃金形態が違法な状態になっていないかを見てもらうことです。当会では、残業の問題や、計算の難しいパートタイマーの有給休暇の算出にもかかわってもらっています。

最後に弁護士です。歯科医院の場合も、いろいろな患者さんがいらっしゃいます。最初から言いがかりをつけようという方はまれとしても、ストレスが溜まっているような場合は、何かあると食ってかかってくる人がいるのも事実。日頃からトラブルにならないような体制をつくっておく必要もありますが、切り札として法律顧問の弁護士の存在は不可欠です。その場合、いざトラブルが起きてから弁護士を探しても遅いため、日頃から保険として弁護士とは顧問契約をしておくべきでしょう。最近は顧問料もさほど高くありません。

当会でも以前、モンスター患者の対応に辟易したことがあります。その際も顧問弁護士にすべての交渉を依頼して、ストレスをかなり減らすことができました。弁護士を顧問に迎えるメリットは、交渉の代理人になってもらえることなのです。

経営
モノ

ダントツの規模か極小をめざせ

日本の歯科医院の典型的な規模は、歯科医師1名にスタッフが2名程度、スタッフに衛生士がいれば御の字で、ユニットは3台程度が大多数のようです。

そのような歯科医院の場合、スタッフ、特に衛生士が退職してしまうとどうなるでしょう？　当然、経営の悪化は避けられません。これが10年前でしたら、何とか数カ月頑張れば、小規模な歯科医院でも衛生士の補充は可能でした、しかし、ここ数年、衛生士はどこに行ったのだろうと、ぼやきたくなるほどの人員不足です。

それでは、衛生士たちはどこに行ったのかというと……やはり、規模の大きい歯科医院に流れていると考えざるを得ません。私自身、スタッフ3人という時代を20年ほど経たうえで今は総勢50人を超え、それに伴い採用も大きく変化しました。ただし現在、規模が大きいというだけでは衛生士は集まりません。規模の大きさに加え、それなりにお金と時間をかけて募集活動をしないと採用に結びつかないのが実態です。

当会でも3年前の採用まではほとんど努力をせずに、新卒の衛生士を採用できました。

そこで、次の年も大丈夫だろうと高を括っていたところ、応募者はゼロ。原因を調べると、規模の大きい他の歯科医院が、当会以上に求人活動に力を入れていたことがわかりました。採用活動に関しては規模の小さい歯科医院の場合、資金力や時間の面で不利なのは否定できません。規模が大きいということは、当然、患者さんを多く診療できるうえ、ダントツに大きい規模になると、もはやその周囲に新規開業をしようと思う歯科医師は現れなくなります。規模が大きく盛業の相手に正面から挑むより、他の場所での開業を考えたほうがいいのは当たり前のことです。

では、逆に極小規模——自分と2人程度のスタッフですべてやってしまえる場合はどうでしょう？　もちろん、コマネズミのように働かなければなりませんが、ユニット2台程度のスペースなら賃料は安く、経費が断然かからなくなります。そうなると、租税特別措置法第26条にある所得計算の特例の適用を受けられる可能性があります。マンパワーの不安はあるものの、この法律による所得税の減免があると、手元には相当の現金が残ります。これも、ひとつの経営パターンではないかと思います。

ユニット3台の標準的な歯科医院は遠からず消滅する運命にある——実際、２０１７年には個人経営の歯科医院は減少し、医療法人の歯科医院は増加を続けています。生き残るには大規模化か、極小に徹するのがこれからの歯科医院の条件になりそうです。

経営
モノ

タービンのホースは国際規格に

歯科医院の売上は診療ユニットの台数に比例します。もちろん、ユニットの数に応じて患者さんが入ればの話ですけれど。

それにしても、歯科用の診療ユニットは何であんなに高いのでしょうか？　言ってしまえばただの電動椅子が、平均300万円とは高すぎるとは思いませんか？　昔はシーメンスのユニットを使っていると「ウチは一流」とか、自慢をする先生もいらっしゃいました。

自由診療専門ならともかく、健康保険による診療の場合、高いユニットを使うことで診療報酬の点数が高くなる、などということは当然ありません。

そもそも、患者さんにユニットの高い安いなど無関係。診療室に入った時は皆さん緊張しておられるので、自分が座る椅子には目が行かないのです。要は、歯科医師自身の使いやすさが第一条件。そこで重要なのは、タービンやエンジンの規格が統一されているということです。

日本では依然として、Y社のユニットはY社のタービン、O社はO社のタービンしか使えません。これですと、おのずと選べるユニットは決まってきてしまいます。統一しておかなければ、ユニットごとに使えるタービンが限られて非常に非効率だからです。

この、タービンのホースの不合理は日本特有の問題で、海外でのタービンホースの規格はほぼミッドウエストの4ホール。ですから、タービンはすべて共通化できます。さらにNSK（ナカニシ）のカップリングをそのままホースに使えば、NSKタイプのタービンがクイックコネクトで使用可能。なおKaVoのカップリングでも同様なことができます。

よってユニットを選択する際は、このミッドウエストタイプのホースにしなければなりません。Y社、O社、M社でもオプションで選べるそうですが、そこは自社のタービンを使わせるため、ミッドウエストの4ホールへの交換は高値に設定されているのが現状です。

であるならば、このタイプのユニットをリーズナブルに導入するには、どうするか？答えは簡単、譲渡品を仲介する業者さんに依頼するのです。ご存じのない皆さんも多いと思いますが、調べてみると意外にあるのです。

譲渡品といっても、比較的、開業年数の浅い歯科医院からの譲渡品がいいのです。これらのユニットを整備してもらい、ホースをすべてミッドウエストタイプに変更すればOK。タービンとエンジンが快適に動けば、治療は問題なく行えるはずです。

経営
モノ

パソコンはネットワークでつなげ

今時の歯科医院では、院内のパソコンはインターネットに直結していると思います。しかし、比較的高齢の先生のところではつないでいない場合も、少なからずあるのだとか。そんな歯科医院に勤めている歯科医師もいらっしゃるのではないでしょうか。

レセコンのメーカーによっては、外部からのウイルス感染や、それによるデータの流出を恐れ、ネットへの接続を嫌う会社もありますが、今やそんなことを言っている時代ではありません。当会の場合は、ほぼすべてのパソコンをネットワークでつなぎ、さらにインターネットにもアクセスできるようにしてあります。ウイルスについては、アンチウイルスソフトにより適切に防御を行っているので、現状心配はありません。

院内のパソコンをネットワーク化すると、つないであるパソコンに保存されているファイルを互いに読めるばかりか、プリンタも共有できます。現在は無線でネットワーク構築をすることもできますが、できれば有線のほうが安定するのでお勧めです。

レセコンもソフトを入れれば、当然、すべてのパソコンで入力できるようになり、生産性は向上。さらに便利なのは、患者さんの口腔内写真をどのパソコンからも読めるので、治療計画書をスムーズに作成できるという点です。

口腔内写真は、今やどのデジカメを使っても鮮明さなどは大きな差がなくなりました。ただ、問題は画像データをパソコンに保存する手間です。いちいちファイルをつくってそこに入れていくようですと、必ずと言っていいほど紛失してしまう写真が出てきます。その点、松風（SHOFU）の「アイスペシャル」という歯科での利用に特化したカメラには、患者番号さえカメラの方で入力をしておけば、撮影に使用したSDカードをパソコンに差し込むだけで、自動的にファイリングをしてくれる優れもののソフトが付いています。

さらに、これら院内のネットワークをインターネットに接続すると、どこのパソコンからもアクセスできることで、調べものが格段に速くなります。患者さんに説明する際もネットで画像を検索し、それを使えば一目瞭然になります。さらに、文書の保存や画像の管理もすべてGoogleが提供する無料のクラウドサービスGoogle driveを利用することで、どのパソコンでも治療計画を取り出せるようになり、生産性はいっそう上がります。

ネットワークの設定はWindowsかMacかで異なりますし、そのバージョンによっても扱いがかなり違ってきます。設定については、業者に依頼するのが安心で確実でしょう。

経営
モノ

自動精算機を入れろ

今やスーパーマーケットなどのレジでは、自動精算機は当たり前になってきています。たとえばレジで2600円と打った（スキャンした）時、お金の投入口に3000円を入れれば自動的に400円のお釣りが出てくるという仕組みです。

現在、当会では3つの歯科医院で4台の自動精算機が稼働しています。

自動精算機のいいところは、大きくふたつ。まずひとつは、出金と入金がすべて記録されることです。レジでも記録はされますが、自動精算機なら、お釣りの渡し間違いは絶対にありません。もちろん、自動精算機を利用していても手元と帳簿上の現金が合わないことはあります。しかし、自動精算機のほうが原因の追及に要する時間は確実に短い。つまり、1日の売上計算の締めにかかる時間が圧倒的に短くなるということです。

その分、スタッフには他の仕事をしてもらうことができますし、帰宅時間もぐんと早くなります。

もうひとつのメリット、それはスタッフを疑う必要がなくなるという点です。

1日の締めで計算が合わない。そうしたことは、自動精算機を入れる前も、そのあとでもありました。しかし自動精算機は、間違いがありません。機械が吐き出した分を患者さんに渡すだけだからです。

ただ、合わない原因にはもうひとつ、考えられるケースがあります。滅多にないのですが、スタッフが懐に入れている場合です。私の知り合いの歯科医院でも、毎日500円ずつをずっと抜き続けていた事務スタッフがいたという話を聞きました。

目の前に現金があり、それがドンブリ勘定だと、魔が差す場合もあるでしょう。つまり、会計システム上で現金を抜くことができる状況があるうちは、スタッフを〝犯罪者〟にさせてしまう心配があるのです。

自動精算機なら、そうした心配はありません。最近は価格も相当に安くなり、10年前には100万円以上していたのが、機能も向上してずいぶん安くなっています。

メーカーはグローリーが独占状態と言えましょう。当会で使っているものもこの会社製ですが、とにかく終業時の締めが速くなりました。現金を抜けば記録が必ず残りますし、記録なしにお金を取り出そうと思えば、3本セットの鍵が必要になります。

年間のランニングコストは多少かかりますが、何よりも明朗会計、記録が残るメリットを考えれば、採用しない手はありません。

経営
モノ

不動産会社にアンテナを張れ

開業にあたっては、どんな場合にも、場所ほど重要な要素はありません。別項でも「過疎地で開業をするな」と書きましたが、都会で開業する場合にも確認すべき項目があります。

都会において、最初から100坪のテナントを借りるような、度胸のある歯科医師はあまりいないでしょう。そこでユニット2〜3台分を設置できる物件を借りることになりますが、経営能力と医療技術に長け、周辺医院との差別化がうまくいけば、じきにユニットを増やさざるを得なくなり、スタッフルームをつぶしたり、あの手この手でスペースをひねり出す努力をした結果、院内の動線がおかしくなるというケースが少なくありません。

そうなると、次のステップとしては移転しかないのですが、ひと口に移転と言っても、そう簡単にはいきません。そこには、健康保険の扱いの問題や諸届、いくつもの移転手続きがあります。地域による違いもあると思いますが、2キロメートル以上（以前の神奈川では1・6キロメートル）の移転の場合、新規開業扱いになってしまうからです。一方、それ以内の移動で、行政が認めれば、保険医療に関して遡及扱いされ同じ歯科医院として扱ってもらえます。

もし新規開業になると、どうなるでしょう？　そうです。地方厚生局で新規指導を受け直さなければならないのです。移転により新規開業扱いになってしまった歯科医院の新規指導となると話はややこしくなります。たとえば、過去の膨大なカルテを持ってくるようにと言われた場合、不備を指摘されるかわからない不安があります。

となると、既存の歯科医院を移転するのは、近場（上記の範囲内）以外ほぼ考えられませんが、実際の話、近隣にそうそう都合のよい物件が出てくるはずもない。そこで、地元の不動産会社に対して、普段からアンテナを張りめぐらしておく必要が生じるのです。

具体的には、日頃からよい物件の出物があれば、まずは一報入れてほしいと頼んでおくのです。そのうえで先方が忘れないよう、たまに電話で確認等を怠らないようにします。

8年前、当会の歯科医院の移転も、こうした不動産会社からの1枚のファクスがきっかけでした。以前からコンタクトを取っておいた会社から、売りビルがあると連絡があったのです。移転距離は100メートルと至近で、メインの通りに面しているにもかかわらず、ある事情から買い手がつかず、値段も破格。私は、じつにラッキーでした。

もしこのファクスが来なければ、私は今でもユニット2台で診療を続けていたと思います。御縁と言えばそれまでですが、長い目で平素からいい物件を探す努力が必要なのです。

経営
モノ

懇意な設計事務所を持て

歯科医院としての設備を整えるには、床を上げてその下に水や空気を通す配管をしなければなりません。工事にはある程度の専門性が要求されます。一般に最初に開院する時は、何社もの業者に見積もりを出させ、一番よいデザインで、安い業者を選ぶでしょう。

しかし、問題は数年経ってから出てきます。それは、どうしても増改築が必要になる場合が多いからです。具体的には、ユニットを増やしたり、逆に減らしたり、使っていない院長室をつぶしたり……では、そんな場合に頼りになる業者はどこでしょう？

医院の建築を大手のハウスメーカーに依頼すると、その会社のなかで設計することも少なく、下請け業者に設計ごと投げてしまう。こうした収益構造の会社に新築時に頼んだからと増改築を依頼するとどうなるかと言うと、簡単な仕事は請け負ってくれない公算が高く、請け負ったとしても高くつくのが落ちです。

これに対し、いわゆる町の設計事務所に医院をつくってもらった場合はどうでしょう？設計図は残っていますので、どこに配管されているかもすぐにわかります。よって増改築や簡単な工事も、気軽に、リーズナブルな工賃でしてもらえる可能性が高いのです。事実、当会でも4つの歯科医院の設計はすべて後藤横浜事務所という設計事務所に依頼しました。長い付き合いという以上に、建物や内装の改装を頼みやすいという利点が大きいのです。デザインがよくてきれいな内装も、必ず陳腐化します。壁紙は汚れますし、床材にも傷がつきます。そうなった時に、どこに頼んで張り替えてもらうのがよいのか、わからない場合は多いのではないでしょうか。こうしたケースでも、懇意な設計事務所があれば、内装業者を紹介してもらうことは容易です。さらに分院を造る場合も、同じ設計事務所にお願いしたほうが、コストが安くあがることが期待できます。

ハウスメーカーや設計事務所を通さず、直接工務店に依頼するという方もいるかもしれませんが、それもお勧めできません。設計と施工が一体というのは、いいように思われるかもしれませんが、どうしても妥協の入り込む余地が出るからです。これに対し、設計事務所と工務店が分かれている場合、設計事務所は工務店に手抜きなどがないように相当に厳しいことを言ってくれます。設計通りでなければ工務店にやり直しも命じます。

このように、内装や外装は長い目で見て考える必要があるのです。安いからといって、歯科医院をあまり扱ったことがない業者に依頼したり、大手ハウスメーカーにまるごと依頼するのは、リスクが高いことと肝に銘じておきましょう。

経営
モノ

「医療情報ネット」は情報の宝庫だ

インターネットのサイトで「医療情報ネット」というのをご存じでしょうか？　神奈川県の場合は「神奈川医療情報検索サービス」、東京都の場合は「ひまわり」と言う名称です。

これは、平成19年4月1日より施行された第5次医療法改正により創設された「医療機能情報提供制度」による、日本にあるすべての医療機関を対象にした医療機能情報を提供するサイトです。

都道府県ごとに名前や愛称は多少異なりますが、全都道府県にこの医療情報検索サイトがあります。ネット上で都道府県名と「医療検索情報」と検索ワードを入力すればヒットします。

このサイトのどこがすごいか？　なんと、このなかに各歯科医院ごとの来院患者数が書いてあるのです。加えて、歯科医師と衛生士の数も書いてある場合があります。来院患者数は各歯科医院の自己申告のため、多めにしているケースもあると思いますが、とにかく画期的なことです。

じつは、この医療情報ネットで、このような数字が公開されていることを、歯科医師の皆さんは意外にご存じではありません。実際、こうしたサイトがあるとスタディグループの歯科医師の仲間に話してみたところ、ほとんどの方はびっくりしていました。

というのも、このサイトの記載するデータの提出依頼が都道府県から文章かメールで来ても、お上に対して万事弱腰の歯科医師の性で、のちに公開されていたなどとは夢にも考えなかったのでしょう。これらのサイトを活用しないのは、じつにもったいない話です。

私が注目するのは、やはり各医院の患者数です。来院患者数は、そのまま医院に対する信頼の証だからです。もし、皆さんが新たに歯科医院の開業を予定している場合、その地区の他の歯科医院の来院数がわかっていれば、開業地の選定や戦略も立てやすくなるでしょう。

この医療情報ネットの情報は制度の決まりで、毎年、更新しなければならないことになっています。上書きされてしまいますが、更新される前の数を記録しておけば、どの地域、どの歯科医院の患者数が、どのように変化しているかの統計資料を自分でつくることができるのです。

おそらく、医療機器販売や薬品販売等の業者はこのサイトを見て、おおいに活用しているはずです。私たちももっと注目しましょう。

経営

コト

予約帳は紙にするな

歯科医院の収入は、予約の取り方ひとつで決まると言っても過言ではありません。その場合、紙の予約帳にメリットはあるでしょうか？　答えは断じて「NO」です。

今や歯科医院の受付には必ずパソコンがあるので、そのパソコンに診療予約システムのソフトを入れればそれでいいのです。ただし、ソフトと言ってもパソコン本体にインストールするタイプのものは絶対に推奨しません。使うのなら、必ずクラウドにデータを保存するシステムにしましょう。さもないと、これまでの紙の予約帳がパソコンに替わるだけで、電子化するメリットはほとんどありません。

ここで言うクラウドとは予約帳を「雲」の上、すなわち予約システムを運営している会社が契約しているサーバに置いているという意味です。

この、クラウド利用の予約システムにすると、家のパソコンであろうが、スマートフォンであろうが、いつでもどこからでも見ることができます。このように時と場所を選ばず、そして誰でも予約帳を見られるようになると、どういう変化が起こるでしょうか？

紙の予約帳では、これに記入できるのは受付のスタッフのみです。このことは、診療予約という歯科医院の経営を左右する権限を受付ひとりに握らせていると言うに等しいのです。この場合、当該のスタッフが経営感覚に優れていればいいのですが、仕事をなおざりにするようなタイプであれば、いろいろな問題が出てくるおそれが予想されます。

たとえば、患者さんが予約時間に遅れるという場合、無造作に矢印で後ろへ延ばしてしまったり、当日予定されている他の治療内容を考えず、適当に予約を入れてしまったり。そうなると、手のかかる抜髄や抜歯の連続になるケースが出てしまうなど、歯科医師にとって負担になるとともに、患者さんにも不利益を押しつけることになりかねません。

クラウドタイプの予約システムにすれば、タブレットやスマートフォンからでも予約等の操作ができますので、たとえユニットサイドにいても、その場で予約を受け付けることが可能です。こうなると、受付だけでなく、助手、衛生士、歯科医師など、院内の全スタッフが予約を取れるようになる。「次の予約は……」といった患者さんの要望に即応できるうえ、誤りがあれば担当スタッフが自分で修正することもできます。

以前はこのクラウド予約システム構築には100万円以上もかかり、月の使用料も相当高額でしたが、現在では初期コストはかからず、毎月のランニングコストもぐっと安くなっています。ぜひ導入してみてください。

経営
コト

保険証はよく見ろ

健康保険証が、個人情報の極みというのはおわかりと思います。医療スタッフしかほぼ知り得ない患者さんの職業等が確定できたり、推測できてしまうため、扱いは十分な注意が必要です。

ご存じの通り、健康保険には社会保険と国民健康保険があります。国民健康保険の場合は詳しい職業はわかりませんが、おおよそ小規模な個人事業主の方だと思って間違いありません。というのも、自営業でもある程度の所得になってくると、会社を設立したほうが有利だからです。このような場合は、協会けんぽ（全国健康保険協会）に加入するため、事業所名称が記載されているはずです。

では、保険証をよく見ることで、どんなことがわかるでしょう？　保険証をよく見ると言っても、何も診療費の支払いについて確認するためではありません。すぐれた歯科医は患者さんと十分な話をし、コミュニケーションをとります。治療に先だって、信頼を得るには話すことが一番。そのための最初の手がかりが、保険証からわかる最低限の内容です。

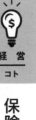

患者さんの見た目とも合わせ、上手に話を引き出せればスタートは上々。また、患者さんのおおよその仕事を知っておくことは、長期間に及ぶ治療の際の安心にもつながります。

大企業になると、会社で独自の健康保険組合をつくっている場合も少なくありません。こうした大企業の健康保険組合は会社のお金で運営しており、医療費の支払いに対しては非常にきびしい姿勢で臨むところも多く、注意が必要です。たとえば「縦覧点検」と言って、同一医療における同一患者のレセプトを3年程度まで遡り、どのような請求が出ているかを調査。そのうえで辻褄が合わなかったり、いわゆる〝検診まがい〟のことをしていると、組合から社会保険診療報酬支払基金に対して調査を求めることがあります。

さらに、歯科・医科のレセプトと、調剤のレセプトを同月内で見比べる「突合点検」も行われます。私が前に聞いた話では、医科で集中治療室に入っている請求が出ているのに、同じ時期に歯科に通っている請求が出ていたりという、非常識なことをしている人も見つかったりするそうです。

あと、30年以上歯科医師をやってきた経験から、保険証を見て要注意の職業があります。詳しいことはご想像におまかせするとして、日常的にストレスの多いお仕事の方は、そのせいかクレームやトラブルの頻度が多いように思います。そうした点も保険証をよく見ることでわかりますので、くれぐれもご注意ください。

経営
コト

時間通りに来院してもらう努力をしろ

日本人は時間に対して非常に正確さをもった民族だと思います。一方、特におおらかとされるブラジルなどでは、何かと理由をつけて遅れて来る人も多いようです。

歯科医院の場合はどうでしょう？　皆さんの歯科医院では、患者さんが予約通りに来院されていますでしょうか？　時間通りに来ない、あるいは遅れて来る患者さんが多い場合は、ほぼ医院側が悪いのです。たとえば毎回、患者さんを待たせてはいませんか？　予約時間にちゃんと呼ばれた試しなし、ということになっているのではないでしょうか？　そうなると、患者さんは「どうせ待たされるから」と、時間調整されるようになるのです。

一方、毎回予約した時間通りに診療が始まるとしたらどうでしょう？　しかも、今度はどんな処置をして、いつ終わるという時間まで教えてもらったらどうでしょうか？　そうなれば、患者さんとしても次回の予約をきちんと守らざるを得なくなります。

もし、遅刻した場合には、その分治療時間が少なくなってしまったことを告げ、予定の治療部位を変更するような対策も必要になります。患者さんに対する一種の〝学習〟です。

時間に遅れれば、それなりの治療しか受けられない。何回かの通院で予約を守らなければ自分のためにならないことを〝学習〟していただくのです。そのためには、医院側がきちんと予約時間を守ることが大前提になります。

そして、予約終了時間の5分前にはユニットを降りてもらう。それを徹底するのです。こうしますと、生産性も大幅にアップします。無駄な時間がなくなるからです。

こう申し上げると「治療というのは、そんなに時間通りにはできない」とお考えになる歯科医師の方も多いでしょう。が、歯科医療の場合、抜歯のように時間の読みにくい処置を除き、標準的な診療時間はおおよそわかるはず。それを、予約を受け付ける際に診療所要時間とすればいいわけです。この予約通りに診療を進めることを〝ユニットごと予約〟の徹底と呼びます。これによって、医院経営の効率は格段に良くなるのですが、この考え方は歯科医院に対して広くコンサルタントを行っておられるＰＭＣ株式会社代表の中野善夫氏にご教示いただいたものです。

ユニットごと予約が崩れる原因はダブルブッキング以外にも、歯科医師や衛生士の仕事が遅いケースがあります。この場合、原因を突き止め、速やかに改善する必要があるのは言うまでもありません。

そのためには、たゆまぬ練習によって、ひたすら技術を磨くのみです。

経営
コト

無断キャンセルは電話をしろ

予約のキャンセルが10％を超えると経営悪化を警告する危険信号、医院側に何か問題があるとされています。そうは言っても、これを5％以下にするのは、相当に難しい。とはいえ、〝無断キャンセル〟の理由は、患者さんが忘れてしまっているケースが多いのです。

当会では、以前は無断キャンセルの場合、そのまま放置していました。わざわざ電話をしたところで、嫌みでも言われかねないと思っていたからです。しかし、現在では電話をします。すると、やはり予約を忘れていた方が大半であることがわかりました。しかも、無断でキャンセルをした人は「すっぽかした」という負い目の心理が働き、再びその医院に行きづらいと感じて、中断患者となってしまった場合が多いようなのです。

このご時世、新規患者さんの来院、つまり新患として医院に電話してくるまでのコストは、医院ごとに違うものの宣伝費等で新患ひとりにつき2万円程度のコストをかけていると言われています。であれば、中断患者さんをつくらないほうがいいのは当たり前。要は、2万円対電話代50円程度の費用効率比較の問題です。

患者さんに電話をする場合には、歯科医師自身がしないほうがいいでしょう。スタッフが行えば十分です。タイミングとしては当日、遅くても翌日。その際、何で来なかったという口調ではなく、来られなかったのは何かあったからか？　と、心配しての電話である点を強調するのが上手なやり方です。無断キャンセルではなく、直前のキャンセルの場合も、電話がかかってきた場合は「ご連絡をいただき、ありがとうございます」というスタンスを忘れてはなりません。

こちらから電話をかける際は、院内で使うPHSなら、通話料金はほぼタダ。ただ、最近は発信相手のわからない携帯電話の番号には出ない人もいますので、そうした場合は患者さんのほうで番号を登録しているはずの医院の電話を使うようにしたほうがいいでしょう。

電話は、できれば1台の加入契約で2回線を使えるダブルチャネルをお勧めします。この場合、無断キャンセルに対応する電話をしていても、もう1回線で予約を受けることができるからです。ただし電話会社によっては、このサービスがないこともありますので、事前の確認が必要になります。

無断キャンセルに対する電話は中断患者を防ぐことになり、それはまた患者さんにとってのメリットでもあります。たとえば、根管治療中に放置してしまうことが、のちに抜歯の最大の原因になることは、歯科医療関係者なら誰でもおわかりだと思います。

経営
コト

患者さんは待たせても10分と思え

歯科医院が患者さんに嫌われる理由のトップは、やはり「痛いから」ですが、じつは、それと同じくらい「待たされるから」というのも、敬遠の理由になっているようです。

患者さんからすれば、そもそも予約してあるのに、30分や1時間も平気で待たされる。このように言われた歯科医院側としては、医療だけに時間が来たからとすぐに切り上げることができない、という言い訳をすると思います。でも、本当にそうなのでしょうか？

歯科医院側が、予約時間通りに診療を始められない理由。それは私に言わせれば、無理な予約を入れているか、医療者のスキルが劣っているかのどちらかだと思います。

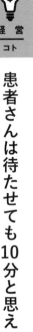

本来なら1時間必要な処置なのに、30分刻みで予約を突っ込んでしまう。そういう無理をすれば時間通りに治療を開始したとしても、30分足りなくなるのが当たり前。保険診療の場合、とにかく数を診るほど収益が上がるので、どうしてもそうなりがちです。

医療者のスキルも問題になります。当会の歯科医院には10名以上の歯科医師が勤務していますが、経験もさることながら、個々のスキルの違いがあるのは否定できません。1歯のレジン充塡に20分以上かかる人もいれば、素早く終了させてしまう人もいます。

では、このスキルの劣る歯科医師に対して、医院の側は予約時間を長く取って対応すればいいかと言うと、答えはＮＯです。彼らには練習をさせて時間を短縮させるか、時間がかかるような症例をまわさないようにするのです。

個人営業で歯科医師が１人の場合、自分の処置が速いか遅いかも、おそらくわからないと思います。そんな場合は、処置別に時間を計ってみてください。そのうえで平均時間を出し、少しでも処置が速くなるよう練習を重ね、さらにシステムの改善をするのです。

そして、ここが一番大事な点。患者さんには決まった時間に、決まったユニットに座ってもらい、次の予約の５分前には必ず降りてもらうようにします。この、いわば〝ユニットごとの予約〟を全院内で行えれば、待ち時間は事実上ゼロにできるはず。これにはまた、予約のキャンセル率が目に見えて減り、患者さん自身も予約時間を守るようになるという、うれしい効果も期待できます。

医院側が時間にルーズだと、患者さんも時間にルーズになります。一方、医院側が時間を守ると、患者さんは５分遅れる場合でも電話をしてくださるようになるのです。皆さんは予約したレストランで30分も待たされたら、また行きたいと思いますか？　歯科医院も今や、そう考えなければ生き残れない――医療だからという言い訳はなしにしましょう。

経営
コト

自由診療は説明をしても勧めるな

現在の歯科保険点数は、悲しいかな30年前とほとんど同水準です。初診料や再診療の多少のアップはありましたが、当時最先端だったパントモの点数は今では半分ほどですし、根管治療の点数もほぼ一緒。その間には消費税が導入され、歯科医院の数も相当増えました。今や保険診療だけでは歯科医院の維持で精一杯。スタッフの待遇改善や歯科用CT、マイクロスコープ、CAD／CAMという〝三種の神器〟の導入など、望んでもかなわないのが現状でしょう。

こうした状況にあっては、保険診療がどんな位置づけかを根本的に考えてみる必要があります。すなわち、歯科医師の皆さんがご自分の家族や友人に対し、保険診療の時間配分で、保険診療の材料を使って診療をしたいかどうか、です。おそらく、時間はもっとゆったりと取って、最高の材料を使いたい……ということになるのではないでしょうか。

そもそも保険診療は、栄養面と衛生面が劣悪だった戦後の時期、おびただしく発生した虫歯の治療のために生まれたという歴史的事情があります。質よりも、とにかく治療が求められた時代の産物ですが、おかげで今日この国では、収入の多寡にかかわらず、誰でも一定レベルの歯科診療を受けることができているわけです。

でも、自分の歯科医院に来院していただいた患者さんに対して、そうした保険診療をベースにした治療だけをするのは、どうなのでしょう？　私はやはり、最高水準の治療から保険診療まで、幅広い選択肢について詳しく説明をする必要があると思います。他の歯科医院のホームページを見ていると、たまに「保険診療を中心に」などと書いてあるケースがありますが、私からするとそれは完全に医師としての説明義務の放棄としか思えません。

そこで、医院の経営的にも、患者さんに最高の歯科治療を提案する意味でも、自由診療の説明もしっかりとするべきなのです。

ただし、肝心なのは、自由診療による治療は絶対に勧めてはならないということ。アドバイスは必要です。たとえば「自分が患者の場合、受けたい治療はこっち」と言うことなどはいいと思います。しかし、患者さんにも経済的な事情があるはずで、選択権はあくまで患者さん側にあることを忘れてはいけません。

また、その説明にしても、女性と男性では違ったプレゼンテーションをする必要があります。女性に対しては見た目の美しさや、未来像を語ること。一方、男性の患者さんには、その治療の機能面やスペックを詳しく語ることが、説得力につながります。

経営
コト

院外処方にしろ

近くにない場合はやむを得ませんが、開業するなら調剤薬局が近くにあるかどうかはとても重要です。

歯科医師は、じつは薬局の調剤報酬が相当高いという事実を知りません。2016年度の国民医療費41・3兆円のうち、歯科は2・9兆円なのに対し、調剤はなんと7・5兆円も占めているのです。これには薬剤代や他の診療科目の調剤料も含まれますが、それでも歯科の2倍以上にもなっています。その原動力となっているのは、当たり前の話ですが、調剤薬局向けに患者さんに出す院外処方箋です。

歯科の保険点数がとても低いのは、皆さま、よくご存じだと思います。しかし、医科歯科共通の点数では、当然ながらこれがぐっと高くなる。その代表例が、薬の院外処方箋発行料と診療情報提供料です。

処方箋料は、出す薬の種類が多いと減額されますが、歯科の場合はそれほどたくさんの種類の薬剤を出しませんので、一番高い点数を算定できるのは事実です。その点数が68点、さらに薬剤の商品名ではなく有効成分を示す一般名で処方すれば2剤以上記載の場合3点の加算で71点、1剤の場合でも2点の加算で70点になります。

ここで、ちょっと根管治療の点数を思い出してください。あれだけ大変な治療をして40点そこそこ。対する処方箋料の場合、レセコンのキーボードを打つだけでこの点数になります。しかもコストは紙1枚で、薬品の在庫を持つ必要もなく、有効期限を気にする必要もない――これなら院外処方にしない手はありません。

もうひとつ、院外処方には院内処方とは大きく異なる点があります。それは、医薬分業による薬剤師の役割と責任に関する事柄です。

薬剤師は、歯科医師が発行した処方箋により薬を処方して患者さんに服薬指導をするのが仕事です。そこには当然、責任が伴います。

もし、院内で誤って10倍の抗生物質を処方してしまった場合、過失の全責任は処方した歯科医師にあります。しかし、処方箋に10倍量を記載してしまった場合はどうなるかと言うと、処方の誤りを見抜けなかった薬剤師の責任も問われるのです。

このように、薬の在庫もいらず、責任も半減、しかも紙1枚で診療報酬点数が上がる。これほどメリットの大きい院外処方を採用しない歯科医師は、経営感覚ゼロと言われても仕方がありません。

経営
コト

メールは診療時間内に見ろ

皆さんはどんなメールアドレスを使っていますか？　たまに○△□ dental.co.jp などという、独自ドメインに属するアドレスを使っている歯科医師からメールをもらうことがあります。

こうしたアドレスは、ひと昔前こそ格好よかったのですが、今ではなんと非効率なんだろう、と思います。というのも、ウェブメールという便利なインターネットサービスがあるからです。代表的なものはG-mailや、yahoo!メールです。ウェブメールはインターネットにつながっていれば、どこにいても見られます。以前のメールは、たとえばOutlookなどのメールソフトをインストールしてあるパソコンでしか見られませんでした。

これに対し、ウェブメールのほうはパソコンであろうが、スマートフォンやタブレットであろうが端末機器を選びませんし、どこでも見ることができます。こんな便利なツールを使わない手はありません。当会ではG-mailを使っています。スマホを持っている人なら、ほぼG-mailアドレスはもっていますし、パソコンやタブレットなど汎用性が高いからです。

たとえば、歯科技工士（以下、技工士）や材料店へ連絡をする場合、電話でのやり取りを主にすると、相手の都合でかかってくることも多く、それが診療時間中だったりすると、集中が途切れてしまいます。それは、こちらから先方へかける場合も同じで、職人仕事に近い技工士には迷惑なことが少なくありません。これに対し、メールならば、自分も相手も都合のいい時に見られます。

ウェブメールを利用するためにも院内のパソコンは、常時ネットにつないでおきましょう。そのうえで、診療の合間に5分程度のすき間の時間がある場合など、診療時間内にサクサクとメールの処理をしてしまうのです。メールは記録に残りますので、あとになっての「言った、言わない」問題もありません。ウェブメールなら交信記録（ログ）が失われず、以前のメールの検索は非常に簡単です。

最近では、スマホやタブレットで使えるコミュニケーションアプリも充実しており、これを使ってスタッフ間の連絡を取り合うのもお勧めです。たとえば無料通話・メールアプリのLINEのグループ設定をしておけば、急な欠勤などがスタッフ間にリアルタイムで伝えられ、代わりの人員がすぐに手当てできるなど、有効な使い方が考えられます。

経営
コト

広告はグレーでもやれ

歯科医業の広告は医療法により厳しく制限されているのは、皆さんご存じの通りです。広告が可能な事項は13項目ですが、歯科医師の名前などの決まりきった事柄だけです。一方、厚生労働省による「医療広告ガイドラインに関するQ&A（事例集）」には、具体的に広告できることが一問一答形式で掲載されていて、例をあげると、そこには歯科のインプラント治療に関する回答もあります。

質問：歯科用インプラントによる治療については、広告可能でしょうか。

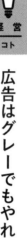

答え：「自由診療のうち薬事法の承認又は認証を得た医療機器を用いる検査、手術、その他の治療の方法」として、我が国の薬事法上の医療機器として承認されたインプラントを使用する治療の場合には、公的医療保険が適用されない旨と治療に掛かる標準的な費用が併記されていれば、広告可能です。なお、歯科医師の個人輸入により入手したインプラントによる治療については、広告できません。

別の項目で、院長や施設の写真掲載も可能とありますので、保険適用外であるインプラント治療については、費用を明示し、院長の写真をデカデカと載せても問題はないのです。

また、厚生労働省の「医療広告ガイドライン」には、ネット上のバナー広告は規制の対象になる例にあげていますが、前述の「Q&A（事例集）」では「医療法やガイドラインで認められた広告が可能な事項であれば、バナー広告は可能です。たとえば、以下のようなバナー広告をインターネット上に掲載し、当該医療機関のホームページにリンクを張ることは、差し支えありません。」と、はっきり書いてあります。

広告規制に抵触しそうな例として、『「誘因性」、「特定性」及び「認知性」を有するものと判断される場合』とあるのですが、これについて誰が判断するかは不明です。このあたりはいわばグレーゾーンで、完全にブラックなのは公序良俗に反する広告や、明らかに医療を逸脱したような内容なのではないか、と考えられます。

歯科医院広告を打つ時は、媒体は何であれ厚生労働省のガイドラインをよく読みましょう。よいと書いてあることはすべてOK。グレー領域に関しては、ある程度の範囲まで、医療者としての良心を逸脱しなければいいのではないかと思います。

ちなみに、新規開業時にはぜひ行いたい住民向け内覧会の広告も、「Q&A」には認められると書いてあります。詳しくは、厚生労働省のホームページの当該ページ（http://www.mhlw.go.jp/topics/bukyoku/isei/kokokukisei/qa.html）をご覧ください。

経営
コト

ホームページの原稿は全部自分で考えろ

ホームページ（以下、ＨＰ）を持つことは、顔見知りの患者さんが多い地域密着の歯科医院と違い、都会の医院では不可欠です。多くの患者さんにとって、場所や建物の外観はわかっても、内部の様子や設備などを知る手段としてＨＰに勝るものはないでしょう。院長やスタッフの顔写真などを眺め、治療方針などを読んだうえで、来院する人がほとんど——今の時代、口コミの評判だけで訪れる患者さんは、まずいません。

皆さんも、他の歯科医院のＨＰは参考のためによくご覧になると思います。ご覧になって、どうでしょう？　多くはつまらない内容だとお感じになりませんか？

つまらない理由は、ＨＰ作成業者に丸投げでつくらせているからです。業者に頼みさえすれば、すぐにＨＰができあがると思っている歯科医師が、それだけ多いということでしょう。

業者の側から見てみれば、医院の特色など掲載するための原稿を書いてほしい、と依頼者である歯科医師に頼んでも埒が明かない。やむなく、他の歯科医院のＨＰを見て、それなりに仕上げて納品という次第になるのではないでしょうか。

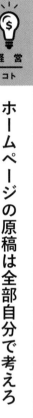

私が小机歯科医院のＨＰをつくったのが、１９９６年です。前年にWindows95がリリースされたばかりの当時、当たり前ですがＨＰの作成業者はまだほとんど存在していなかったので、すべて自分でつくりました。ＨＴＭＬ原語を勉強し、掲載する原稿を書いて、試行錯誤のすえサーバにアップしたのを覚えています。

現在はＨＰ作成業者は数多く存在するので、技術的なことはまったく知らなくても大丈夫。Word等で書いた原稿さえあれば、デザイン等はすべて業者がやってくれます。

ただ、ＨＰについてはデザイン性もさることながら、結局は掲載された〝内容〟が勝負なのだと思います。要は、その歯科医師の想いが文章中にどれほど込められているか……たとえばラブレターだって、他人に代筆してもらったのでは、あなたの本当の気持ちは通じません。患者さんを〝恋人〟だと思って、自分が歯科医療に対してどんな想いを抱き、どう考えているかを書かないと、見てくださる人の心に響くＨＰにはならないのです。

とはいえ、ＨＰをつくろうと思っても、原稿をイチから書くとなるとハードルが高過ぎて、やる気が起こらないということもあるでしょう。そこで、ご提案したいのが「難問は分割せよ」という先人の教えです。具体的にはＨＰに必要な要素、たとえば院長挨拶や治療方法の説明などを、何項目ごとに分解。そのひとつかふたつ分の原稿を毎日コツコツとつくるという方式で続ければ、ＨＰ全体もおのずとできあがってしまうはずです。

経営
コト

どんなつまらない研修でも行け

歯科医師の研修会は、医師の研修会よりも多いと聞いたことがあります。歯科の場合、患者さんの話を聞いて薬を出すだけではなく、治療にはほぼ手技の熟達が必要ですので、それは当然と言えましょう。10年前よりも研修会はよほど増えているような気がします。

私が頻繁に研修会に行くようになったのは、1996年からです。理由はホームページ（HP）を自作し、この年に公開したからです。見よう見まねで、質問のフォームも用意したところ、けっこう問い合わせがきたのです。そのほとんどは電機会社のエンジニアの人たちからで、当時、歯科医院のHPは10サイトもありませんでしたから、当会のHPの内容を参考にしようということだったのでしょう。

多い時は、一日10通ほどの相談メールが寄せられました。相談料は当然無料でしたが、顔の見えないに相手に回答するわけですから、うかつな返事は書けません。答えようにも、今のようにキーワード検索もほとんどなく、歯科に関するネット上のコンテンツもけっして多くはありませんでした。

よって頼るのは、やはり本。さらに自分の知識が十分でない分野については、研修会に積極的に行くことにしました。こうして始まった研修会通いは現在も続いていて、コンスタントに月1回は行っており、多い月には3回ほど参加しています。

特に足しげく顔を出しているのが、WDSC（Weekend Dental Study Club）というスタディグループです。ベテランの歯科医師40数名が集まって行う研修会で、月の会費が3万円と少々高いのですが、参加しなければ元が取れないという気持ちも手伝って、最初の10年はほぼ皆勤賞なみに出席しました。

おかげで、見えてきたことがあります。このグループに入る前の私は、研修に行く場合も自分の好きな分野にかたよって受講する傾向がありました。しかし、このようなグループの場合、テーマや講師は会長や役員が用意してくれますので、否が応でも何らかの収穫があるのです。そのなかには、自分の診療スタイルを大きく変えてくれたテーマもありました。そうかと思えば、内容のなさに腹が立ってくるような会もあります。しかし、そんな腹の立つような研修会でも、最低限、反面教師としての価値はあります。

こうした理由から、私は研修会はできるだけ参加したほうがよいと考えています。そしてもうひとつ、スタッフがそのように研究熱心なあなたの姿勢を見ている、というメリットも忘れてはならないでしょう。

経営
コト

リコールの数を増やせ

〝リコール〟と言うと、何か自動車の不具合による回収命令のような悪いイメージを想像してしまいますが、ここでは「患者さんを、もう一度呼ぶ」すなわちテーマパークなどの〝リピーター〟という意味で理解してもらいたいと思います。その目的は、昔で言う定期健診――メインテナンスのために再来院、定期来院していただくことにあります。

歯科医である皆さんから見て、定期的なメインテナンスを続けていったほうが、明らかに患者さんの口腔内の状態がよいということに異論はないと思います。そしてまた、これからの歯科医院にとって、メインテナンスの患者さんの数が、盛衰を大きく分けると言っても過言ではありません。今やメインテナンスには、歯周病安定期治療も含まれますので、この場合は疾病としての保険点数が加算されるのも、皆さんご存じの通りです。

歯科治療はもはや、歯を削っていればいい時代ではありません。それよりも、いかに新しいカリエスをつくらず、歯周病を進行させないか、歯を失わせないかが大切だと思いませんか？　そのためには、患者さんに積極的にメインテナンスのために定期来院してもらうことが必須です。当会では、メインテナンスの予約（リコール）に関しては、3カ月先だろうと、4カ月先だろうと大歓迎しています。

最初はそんな先の予約など、取れやしないし、すっぽかされるのではないかと思っていました。しかし実際に始めてみると、患者さんもそれが当たり前になり、何カ月も先の予約をしていかれるようになる。メンテナンスの予約方針を変更して6年ほどになりますが、患者さんにも当会にも、共にうれしい状態が年を追うごとに明らかになっています。

とはいえ、何カ月も先のメインテナンスの予約をすっぽかされないためには、やはり事前の確認（リコンファーム）をすることが重要です。確認方法のひとつはメールです。当会では、予約の数日前と、当日にも自動でメールを発信できるようにしてあります。これは、パソコンの予約帳の機能を利用すれば簡単なことです。

でも、メールだけでは十分とは言えません。それを補強するのが昔ながらのリコール葉書ですが、ここにちょっと大事なポイントがあります。葉書の宛名は、治療終了時に患者さんご自身に書いてもらうのです。

自分の字は、自分が一番よく知っています。葉書が手元に届いた時、自分の書いた字とわかれば、何かのセールスと間違えることなく、「ああ、歯医者さんへ行かなくちゃ」とすぐに記憶がよみがえります。

経営
コト

健康保険の不正請求はするな

前に、当会の近所の歯科医院の院長が逮捕されたことがありました。罪状はズバリ、架空請求。来てもいない患者さんのカルテを引っ張り出して、何か診療したことにして保険者に請求したというのです。当然、その院長は詐欺罪になり、医院は閉院になりました。

ところで日常の診療では、インレーブリッジがけっこう行われています。6番欠損で、5と7がインレーになっているパターンです。これの処置は保険適用できないはずですが、現実にはクラウンを被せたことにして請求しているのでしょう。このような例を振替請求と言います。実際に行った診療と請求が違う場合です。この他によくあるのは、ワイヤークラスプで義歯をつくっておきながら、実際にはキャストクラスプで請求しているというケースです。

二重請求というのもあります。自由診療で前歯にポーセレン冠を入れておきながら、保険診療でもレジン前装冠として請求するのです。こういう操作はレセコンをいじれば簡単にできてしまい、罪の意識は少ないのかもしれません。しかし国としては、貴重な健康保険財源を1円でもゆるがせにできないことを、私たち歯科医は肝に銘じていてほしいのです。

以前、地方厚生局で指導官をしていた人から聞いた話ですが、個別指導に呼んだ歯科医師に「この患者さんは足がありました？」と尋ねたことがあるそうです。その患者にはすでに死亡のレセプトが出ており、実際には亡くなっている人の歯の治療費の請求がされていたというわけです。また、成田空港での出入国管理の記録を突き付け、国内にいないはずの患者さんの治療をしていたという嘘を突き止めたこともあるといいます。行政には「これは黒だ」とにらんだら、いろいろな記録を収集できる権限があるのです。そして、10円であろうが、1億円であろうが、不正請求として追及されることになります。

こんな姑息な罪を犯すほど、馬鹿なことはありません。たとえば、振替請求をするくらいの額ならば、健康保険の仕組みを研究すれば、簡単に埋め合わせができるからです。

ひとつには、歯科施設基準により診療報酬の加算算定ができるようにすることです。一見、条件がきついように思えます。たとえば、2016年に導入された「かかりつけ歯科医機能強化型歯科診療所（か強診）」の施設基準のなかに「歯科訪問診療（中略）を算定している実績があること」という項目がありました。皆さん、これで諦めているようですが、よく読めば、いつ、どれだけの請求があった事実が必要とは書いていません。

不正な請求をするより、法にのっとっていかに正当な請求をするかを研究しましょう。

経営
コト

学校歯科医にはなっておけ

地方はもちろん都市部においても、学校と言えば今もやはり地域の中心、そうでなくとも重要施設であることは間違いありません。かく言う私は、近くの小学校の校医になって20年ほどになりました。正直、最初はしぶしぶ引き受けたのですが、今では校医であることのメリットはとても大きいと思っています。

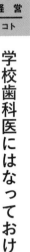

校医を引き受けるメリット、それは何よりもまず地域における信用を得られるという点。公的な機関とのつながりがあるということは、親御さんに絶大な安心感を与えるのです。いわば「宮内庁ご用達」に似ていて、宮内庁に納入しているくらいの品物なら悪いわけがない……歯科医院も同じで、地元の小学校や中学校の校医をしている以上、それほど悪い歯科医院ではないだろう、と思ってもらえるのです。

ただ、デメリットも、ないわけではありません。というのは、小学校に行って検診をしてみたところ、クラスの半分くらいが私どもの医院の患者さんだったことがあります。そんな時、当然、その場にはカルテもないため、患者さんであることはわかるものの、いつ頃に診療を終了したのかがわからない。そのせいで、最近終了して経過観察にした部位を「虫歯」と診断し、治療勧告の用紙を出したりしてしまうというようなケースがありました。

校医になるにはその地区の歯科医師会長の推薦が必要な場合が多いと思いますので、地域歯科医師会の会員でないとなれない場合もあります。でも、それだけの目的のためにわざわざ入会するのも、もったいない気がします。

そもそも校医を務めるというのは、地域に対する恩返しとして、採算やメリットは度外視する姿勢も必要です。当院では長年、市で行われていた衛生士の学校訪問によるブラッシング指導が、予算カットのあおりで中止になったのを単独で引き継いで実施しています。当然、学校歯科医としての決まった報酬のなかでやらなければなりませんし、自院の衛生士や助手を院内の業務からはずして、その業務に充てるとなると費用的には〝持ち出し〟です。そうではありますが、地域のお子さんたちの口腔衛生水準を上げることは、ひいては自分の歯科医院に欠損だらけや抜髄だらけの、採算の取りにくい患者さんが来院するリスクを減らすことになる、と長い目で見るようにしています。

学校歯科医も地域によっていろいろな形があって、何人かのグループで校医になっているところもあり、報酬も5倍程度もの開きがあるようです。しかし、最初に書いたように校医になるメリットはあります。打診があったら、なっておいて損はないでしょう。

経営
コト

自治体の制度検診も忘れるな

制度検診とは、簡単に言うと自治体独自で制度として定めている検診のことです。たとえば横浜市の場合、歯周病検診と妊産婦歯科検診があります。歯周病は40歳から70歳まで10年ごとの節目での検診なので、合計4回。妊産婦の場合は妊娠中に1回です。

この制度ですが、各自治体によって内容が全然違います。税収の潤沢な東京都港区にいたっては、年間2回、20歳以上ならずっとお口の健診として検診が受けられるのです。20歳から70歳まで年2回の検診を受けるとすると、なんと100回。横浜市の25倍にもなります。この検診をうまく利用すれば、健康保険を使っての再初診を減らすことができますし、港区の検診はそもそも無料（!）なのです。

港区の例は極端にしても、他の自治体にも似たような検診制度がある場合は少なくありません。検診をすれば、当然、カリエスや歯周病のある方が多いはず。歯科医師側としては、そこから増患につなげていくのも、ひとつの足掛かりだと思いませんか？

自治体が行う制度検診以外に、企業の検診制度もあります。なかでも熱心に取り組んでいるのは、ご存じの日産自動車です。

ただ、この制度検診は登録医療機関が指定されており、地元歯科医師会の会員に限られている場合が多いのです。医科の場合は医師会の会費を払っても、この制度検診からの収入が上回ると聞いたことがあります。しかし、歯科の場合は港区を除いて、それほどの回数があるわけではなく、歯科医師会に入会した場合の会費の問題や会員としての義務を果たさなければならないことなどを加味して判断しなければなりません。

検診を行って歯科疾患を発見した場合、即座に治療をお願いされる場合もあると思いますが、患者さんの側はどこまでが検診で、どこからが治療かを理解できない場合が多いように感じます。

特に歯周検査のような場合、疾患として健康保険で扱うには、再度、歯周検査を全顎的に行わないとスケーリングすら満足にできません。そこで、治療に関しては日を改めて行い、よく説明をしておかないとのちのトラブルの原因になる恐れがあります。

制度検診は、いつも行っている健康保険の治療とは違い、自治体の定める様式に慣れていないために敬遠される向きもあるかもしれません。しかし、塵も積もれば山となる。地道に患者さんに来てもらう努力は、きっと実を結びます。

経営
カネ

租税特別措置法第26条のこと

通常、事業を営んだ場合、すべての売上から原価や経費を引き、残った利益に課税されます。しかし、この租税特別措置法（以下、特措法）26条「医業の概算経費による所得計算」に適応する場合は、例外として概算的な経費を認定してもらえる。つまり「医業での収入がこれくらいで、この科の場合は、この経費を計上していい」と国が認めてくれます。

この制度ができたのは昭和32年、当初はすべての医業所得のじつに72％を経費で認めてくれるというすごい制度でした。つまり、1億円の医業収入があれば7200万円が経費で、残りの2800万円にしか課税されないのです。当然、経費はそれより低いはずなので、それが非課税の措置法差額として開業医の手元に残ることになります。

が、それから半世紀以上が経過した現在では、同条項にふたつの大きな条件が課せられています。すなわち、社会保険診療報酬の合計が5000万円以下であること、そして、2015年の法改正では、医院経営や病院経営の医業収益の合計が7000万円以下でなければならない、という点が追加。簡単に言えば、保険診療報酬の合計がギリギリ

5000万円の時、自由診療や金属を売った代金の合計が2000万円を超えると、この特措法は適応できなくなりました。

じつは、この特措法、歯科では意外と適応を受けている医院が多いのです。ユニット2〜3台。スタッフは自分以外に2人程度。開業10年経過。そして盛業。この場合、ギリギリこの保険診療5000万円以下、自由診療等を2000万円以下におさめると、経費はそれほどかからないことになり、実際の経費よりも概算経費のほうが高くなります。よって、非課税の措置法差額を得ることができるのです。たとえば、非課税の100万円というのは、最高税率の55％を適応されたとして手元に残るのは45％ということで、本来は約220万円の課税所得であることになる。しかも、この特措法は届け出の必要がなく、決算をしてみた結果で選択が可能なのも誠にありがたいところです。

ただ、この特措法の適応内の場合、経費を使うとかえって措置法差額を減らすだけ、つまり経費にもならないお金を使うことになる点には注意が必要。特措法の恩恵に浴しているうち、経費を使わないのが得ということばかりに意識が回ると、知らず知らずのうちに設備の更新がおろそかになり、縮小経営に陥って、気がついた時には医院がすっかり老朽化・陳腐化しているということにもなりかねません。ありがたい制度も、よく考えて利用しないと、かえって自分の首を絞めるはめになります。

経営
カネ

医療法人化を考えろ

２０１７年現在、総合病院や大学病院の歯科を除いた個人経営の歯科医院は全国で７万件弱。一方で毎月、個人経営の歯科医院は３００件程度減少し、代わりに同数以上から５００件程度の医療法人の歯科医院が増えています。これには、つぶれている個人歯科医院も当然あるでしょうが、個人経営から医療法人に移行している医院や、医療法人が分院として歯科医院を設立している場合もあるでしょう。この事実は、将来的に個人経営の歯科医院はある程度淘汰され、医療法人が生き残っていくことを示唆していると思います。

では、なぜ医療法人化が進むのでしょう？　ひとつには、皆さんもご存じの税率の違いが大きな理由だと考えられます。個人経営は、最高税率は45％です。しかし、医療法人の場合は35％弱。じつに10％も低いのに加え、市県民税も法人のほうが低いのが現状です。

ただ、勘違いをしていただきたくないのは、医療法人のお金は自分のものではないという点。税率が低い分、理事長である自分が多くもらえるとは思わないことです。医療法人の場合、院長（法人では代表者の呼称は理事長）は役員報酬として毎月、定額の給与制だからです。株式会社では認められている株の配当や賞与も、もらうことはできません。せめてできるのは、ある程度の経費を自分の意思で使うことくらいです。

たとえば個人経営の場合は、スタッフが頑張って売上が増すと、経費を差し引いた残りはすべて院長のものになります。しかし、医療法人では、すべての原材料費や経費を払い、さらに役員報酬を払って余りが出ても、それは院長（理事長）のものではありません。それはあくまでも、医療法人という別人格の所有になるのです。

医療法人化するメリットとして、仕事と家計をはっきり分けられるという点があげられます。医療法人では余剰金から設備を購入しますが、自分のお金ではないので買う時の心理的な葛藤はほぼありません。そんな点から、個人経営より医療法人のほうが設備のいい、すなわち評判のいい歯科医院が多いのです。

スタッフに対して「患者さんがたくさん来ても、理事長の直接の利益にはならない」と堂々と言えるのも医療法人のよい部分です。仮に、診療終了間際に急患が飛び込んで来て、院長が診たとします。個人事業の場合は明らかに院長の所得に対してプラスですが、医療法人では直接プラスにはなりません。これは気持ちとしてスタッフと同じ立場でいられるということであり、その分、彼女（彼）たちにも「何で院長のために残業するの？」という余計な不満を抱かせずにすむ……このメリット、意外に大きいと思いませんか？

経営
カネ

手元流動性は、最低一カ月分は用意しろ

「手元流動性」というのは、聞き慣れない言葉だと思います。私たち歯科医師は、大学で経営についてほとんど習ってこなかったので、知らなくて当たり前かもしれません。

手元にあって何にでも使える流動的な資金が、どの程度あるかを示す指標――それが手元流動性です。通常は現金と、短期的に所有している有価証券の合計をさします。わかりやすく言うと、現金と、すぐに換金できる株などの有価証券の合計です。

なぜ、この手元流動性が重要なのでしょうか？　ズバリ、現金がなければ支払いができないからです。通常の会社の場合、歯科医院と違って物を売ってもすぐに現金が入って来るわけではありません。しかし、仕入れなどの支払いはしなければならず、そんな時に現金がないと支払いができなくなって黒字倒産をしてしまいます。

よって、通常の会社の場合は2～3カ月分の売上に相当する現金を用意しておかなければならない、と言われています。つまり手元流動性は2～3カ月分は必要なのです。

では、歯科医院の場合はどうかと言うと、物を仕入れて販売しているわけではなく、仕

入れ用の資金はそれほど用意をしておく必要がありません。また、別項で書いたように、売掛金に当たるものも未収の健康保険以外それほどはありません。つまり、現金支払いはほとんど給与等に限られるのではないでしょうか。

ただ、健康保険の適用を受けて補綴主体で診療をしてしまうと、技工代と材料代が跳ね上がってしまい、この場合は現金はもっと必要になります。また、大規模な地震などの天災があった場合はどうでしょうか？　歯科は、すぐに生死にかかわるというケースが少なく、サービス業的な側面が強いために、当座は患者さんが来ない場合も想定されます。そうした時でも全額とは言わず、スタッフを守る意味で給与の一部は支払わなくてはならないでしょう。よって、ある程度の現金は手元に必要なのです。

こう考えると、歯科医院の手元流動性は最低1カ月は見ておく必要があると言えます。医療法人の場合、理事長の家計とは別になっていますので、法人口座に現金1カ月分は必要ということです。個人事業ですと、家計と医院分の分離は経理上不可能ですが、別口座をつくってでも手元流動性の1カ月分の現金はキープしておく必要があるでしょう。

借金が嫌いという場合、余剰の現金が出るとぎりぎりまで繰り上げ返済をしてしまう方がいます。ただ、万一現金が必要になっても、銀行はすぐに貸してくれません。その意味でも現金は手元に残し、ある程度銀行に借金を残したままにしておくべきなのです。

経営
カネ

支払いは一日でも早いほうがいい

歯科業界にいると、わからないでいることもたくさんあります。その最たるものが、支払いの概念です。歯科医療は保険診療の場合、ほぼ取りはぐれがありません。保険証さえもってきてもらえば、たとえ一部負担金を払ってもらえなくても7割は回収できるからです。しかも、国から払ってもらえる期日は確定しています。

一方、一般の業種の場合はどうでしょうか？　請求と実際の支払いの期日は、しばしば大きく離れているばかりではなく、無事に払ってもらえるかどうかも、入金を確認するまではわからないのが普通なのです。

支払いにおいて一日でも遅くなってはならないのは給与、と別項で説明しました。その次は何でしょう？　それは、材料業者への支払い。そして、それに続くのが技工所への支払いです。その理由はシンプルで、技工料はほぼ確定した額で契約を結んでいますが、材料に関しては材料業者任せの部分があるからです。

日本の歯科材料業者は、言ってみれば旧態依然のビジネスモデルです。ご存じの通り、営業マンが御用聞きのように歯科医院に来て注文を取り、後日それを届ける。こちら側も、大きい物品は事前に見積もりを出してもらったうえで値切るのですが、いつも使っているレジンのような物品は、材料業者の言い値で買っているのが現状です。

と、ここでよく考えてください。こうした日常ひんぱんに買っている物のほうが、大きい物品よりも購入頻度も多ければ、総額も高いはず。そこで、この言い値が問題になるのです。通常は材料業者を数軒入れているはずですが、それでも各店の値段については、細かく見比べていないと思います。要は材料業者が価格の決定権をもっているのです。

また、その材料業者の値づけに、A、B、Cの価格があるのはご存じでしょうか？　すなわち、Aは最優良価格、Bは中程度価格、Cは最低価格。そうしたランクづけは、各医院が日常的に買っている量に応じて決まるのは、おわかりかと思います。それ以外の要素として大きいのは、やはり金払いです。支払いが遅れないことが特に大事なのです。

材料業者の業態を考えれば、仕入れた段階で支払いが生じ、それを売るまでのタイムラグがあります。そして、その代金が入るまでにはさらに時間がかかる。よって、材料業者としては一日でも入金の早いほうが助かるのです。

技工所や他の業者への支払いも、一日でも早く支払いをすることです。そうしないと、知らず知らずのうちに高い買い物をさせられていることになりかねません。

経営
カネ

極力、国の金融機関を使え

新規開業をする場合、どこからお金を借りたらよいかは、まずわからないと思います。最初に頭に浮かぶのは銀行でしょうが、市中の銀行はやはり民間企業、彼らも利益をあげる必要があり、貸し倒れを防ぐために貸し付けの諸条件はかなり厳しいのです。

その点、政府系の金融機関にはメリットがあります。その代表が日本政策金融公庫。正しくは株式会社なのですが、政府が100%出資をする財務省所管の特殊会社であり、職員は「みなし公務員」とされるなど、国営の金融業という位置づけです。

この日本政策金融公庫の融資の場合、民間よりも金利が低いケースが多いことがあげられます。とりわけメリットの大きいのが、期間の長い固定金利による融資です。これが民間銀行ですと、固定金利はせいぜい5年間で、あとは変動に移行するような融資が多く、10年間固定金利などにすると、今度はべらぼうに高い金利が課せられたりします。

変動金利と固定金利――変動金利は、為替相場と同じように金利が変更されるお金の借り方です。しかし、毎日変わるわけではなく、年2回、4月と10月に見直しが行われます。

一般的に、最初の段階では変動金利のほうが金利の安いことが多いのですが、5年、10年後の経済がどうなっているか（金利がどうなっているか）は誰も予想がつきません。

では、どれだけの期間で借りるのがよいでしょうか？　借りる額にもよりますが、できれば10年程度がよいと思います。それは、たとえ固定金利だとしても10年先の歯科業界の状況は読めないからです。実際、通常の産業の場合、どんな会社もよい状態が続くのは10年程度と言われています。

もうひとつ、医院経営も順調に進んだ場合、繰り上げ返済も視野に入ってくるケースがあります。特に開業にあたって租税特別措置法26条、いわゆる医師優遇税制を選択した場合には、経費が少ない分だけ利益が増えるからです。そんな時に、多くの民間銀行の融資ではペナルティが科せられます。つまり、借金を返すのに罰金を払わされるのです。しかし、日本政策金融公庫にはこの罰金はありません。

この他、自治体が定めた制度融資という制度もあります。制度融資とは、都道府県や市町村などの地方自治体の資金を銀行等の金融機関に預託することにより、県等が定めた有利な貸付条件で中小企業や個人事業主に融資する制度です。

お金を借りるというのは多く長期になり、金利だけではなく、多方面から比較する必要があります。そんな場合、国による制度の利用を第一に検討してみてください。

経営
カネ

減価償却の仕組みを知れ

個人事業なら所得税、法人ならば法人税を払う必要があります。これらは、事業で売り上げたお金から、仕事を遂行するうえで払った経費を引いた分、つまり純然たる儲けに対して払う税金です。経費には、水道光熱費もあり、人件費、広告費もあります。そして、設備の費用も経費となります。人件費等はどれだけ払おうが、そのまま払った年度の分の経費になります。でも、設備に関してはそうはいきません。

具体的には設備の購入金額によって違いがあり、10万円未満の設備であれば一括で経費にできます。現状、青色申告の方であれば、10万円以上30万円未満の場合は合計300万円（事業年度が1年未満の場合は300万円を12で割って月数をかけた金額）まで一括で経費にできる特例（平成32年3月31日まで）があり、その場合は30万円以上（簡易課税で税込会計にしている場合は税込で30万円以上）の設備に関し、その年度内には一括で経費にできないことになります。これらは分割して、数年間にわたり分けて経費に計上しなければなりません。

国としては、30万円以上の設備は長年使うはずだから、その取得費用は使う期間に応じて経費にするようにという理屈で「固定資産」に分類。当該年度の経費分をできるだけ抑えるため、物品ごとに減価償却期間を細かく定めているのです（歯科医院の設備では、ユニットの償却期間は7年、オートクレーブは4年など）。

これを経費にする際、厳密には減価償却のルールである「定率法」か「定額法」かで処理が違いますが、わかりやすくするために、定額法で考えてみましょう。200万円のユニットを買った場合は、7年に分割して経費にする必要があります。つまり1年当たり30万円弱を7年にわたって、経費に計上していかなければなりません。

そこで考えなければならないのは、歯科用の設備で30万円ギリギリの物はないかという点。そんな場合は、ポイント活用などで材料業者に上手に値引き等の調整をしてもらうのです。経費がまとめてかかる開業時（上記の総額制限はあるものの）、ここは非常に重要になります。しかも、この30万円以上の固定資産の場合、償却資産税というのもあることを忘れてはいけません。簡単に言うと、償却資産の簿価に対して1％強の税金まで余分に支払う義務が生じるのです。

単価を10万円未満にして物を買う、30万円未満にして物を買う。これが鉄則です。

経営
カネ

修繕費と資本的支出とは

「修繕費」と「資本的支出」はどちらも修繕にかかわる費用ですが、資本的支出のほうはたんなる修繕を上回る規模の改良などがなされた場合の費用を言います。たとえば医院の建物が老朽化した場合、壁面に塗装をするだけなら修繕費。新たにサイディングを張り付けた場合は、資本的支出となってしまったりします。

どちらも20万円以内ならば、一括経費にすることは可能です。それを超えた場合は、修繕費なら一括経費になりますが、資本的支出では固定資産の扱いになり、減価償却の対象となってしまいます。減価償却について、簡単に言えば、一括経費にはならず、耐用年数に応じて年ごとの経費へ繰り入れるということです。

この、修繕費か資本的支出かは「実態で判断する」と国税庁のホームページに書いてあります。ただ、非常に微妙な部分があり、現実問題として税務調査の時に指摘をされるなど、支払い当初からきちんと意識をしておかなければなりません。こうした経費算入に関しては、赤字経営の歯科医院では意味があまりないのですが、黒字の医院の場合はやり方ひとつで節税できるため、注意をしたいところです。

資本的支出にならないものに、搬入費や清掃費があります。たとえば、コンプレッサを買い替えたとして、31万円（税込）の見積もりが来たとしましょう。そのまま認めてしまうと、31万円は30万円以上で固定資産の扱いとなりますので、減価償却にしなければなりません。コンプレッサの耐用年数は7年とされており、7年で減価償却。さらに残存価格の1％強に対して「減価償却資産税」まで、毎年支払わなければなりません。

しかし、この見積もりを2万円の搬入取り付け工賃と、29万円の本体価格に分けるとどうでしょう？　搬入費は、べつにコンプレッサの価値を高めるわけではありませんので、資本的支出とはならず、一括経費でOK。そうなると、コンプレッサ本体は30万円未満となり、条件つきではありますが、一括経費で認められるのです。

医院の建て替えのような大規模な支出の場合には、いっそうの注意が必要です。もちろん、実態と大きく異なる見積もりにすることは問題ですが、材料の本体価格と、工賃や現場清掃費のような資本的支出にならない（労働力の対価として消えてしまう）項目を細かく分けて計上してもらうことは、節税のうえでも重要です。

他の項目を少し高くしてもらっても、30万円をわずかに超えるような支出はつくらないように。その30万円を29万9０００円にしてもらうと、税金は賢く抑えられます。

経営
カネ

借金の元本返済分は経費にならない

歯科医院にかかわらず、事業を始める場合には借入をするのが普通だと思います。医療業界では、いきなり医療法人を設立しての開業ができませんので、既存の医療法人を買う場合を除いて、ほとんどが個人事業としてのスタートです。個人事業とは、自分でお金を借りて歯科医院を開業し、そこで診療して報収を得、そこからスタッフの給与やテナント料、水道光熱費等の経費を差し引いた残りが自分の所得になる形態。

開業に伴い、8000万円程度の借金をしたとします。最初から順調に患者さんが来たとして、医業収入が年間3600万円としましょう。当然、ここから借金を返済することになります。どれだけの返済額になるか、日本政策金融公庫のシミュレーションをもとにキャッシュフローを考えてみると、金利2・1％として25年返済とすると、総返済額は約1億290万円、返済額は毎年410万円程度です。医業収入の3600万から410万を引くと、残りは3190万円。その他の諸経費が売上の75％の2400万円とすると、残りは790万円となります。この額に対して課税されますので、ここから所得税と住民税を合わせて33％の税金約260万円を払い、530万円が可処分所得（手取り年収）です。勤務医の時に比べて税金が高い気がしますが、それは給与所得控除という有利な制度が利用できないからです。しかも、この530万円の可処分所得という計算結果自体にもじつは大きな間違いがあります。なぜなら、借金の元本部分の返済は経費に入らないからです。

開業初年度を見てみましょう。元利均等払という返済方法を選んだとすると、返済額のうち元金分が約245万円、利息分が約165万円になります。

つまり、経費として認められるのは利息の165万円程度。よって、3600万円から165万円を引くと3435万円で、ここからその他の諸経費2400万円を引きますと1035万円になります。「おー、俺も年収1千万円」と思うのは早合点で、所得税の課税所得金額の利率の区分が上がり、住民税（復興税は考慮していません）と合わせて、43％（1035万円×0・43＝445万円）の税金を払うことになります。

1035万円から税金の445万円を引くと残りは590万円。しかも、さらにここから、先ほど別にした借金の元本を引く必要があるのです。借金の元本部分は245万円程度ですので、590万円－245万円＝345万円が最終的な可処分所得。これでは衛生士の年収以下です。まして、返済計画をもっと短期間で組んでいる場合、返済額も多くなるので、あっと言う間に資金はショートしてしまうでしょう。

経営
カネ

開業しても大丈夫か、冷静に考えてみろ

インターネットを見ると「歯科医師の年収は、勤務医で700万円程度で、開業医は1000万円程度。差は300万円程度」などと書かれたサイトが多いようです。

しかし、それを見て「そうか、ならば開業しないと損だ」と早合点していけません。勤務医の場合、架空経費とも言える給与所得控除が認められているために相対的に税金が少ないこと、また多くの場合、医療法人に勤務しているので厚生年金や「協会けんぽ」という社会保険制度による手厚い保護があります。しかも、開業医は「1000万円」とされる年収から、所得税と地方税を払ったあとに開業時の借金の元本まで返済するので、予想外の低収入になりかねません。

開業するということは、全責任を自分が負うということです。スタッフの給与計算や勤怠管理、広告宣伝から、果ては医院の掃除までやって勤務医との収入差300万円では引き合うものではありません。データを見ると、開業医は勤務医の2倍程度の収入がある場合が多いようですが、それでようやく借金を返してトントンかプラスになるレベルです。

現在、歯科医師は昔と違って年間２０００人弱しか国家試験に合格させないのですから、大変な〝金の卵〟と言えるでしょう。結果、30〜40年前と同じ現象が起こっています。すなわち、大規模な医療法人の間での歯科医師の取り合いで、それに伴い彼らの給与や待遇は高騰しています。おのずと新卒歯科医師の側も勘違いし「将来、開業してもやっていける」と根拠のない自信をもっているようですが、忘れてならないのは、こうした大規模な医療法人の場合、いろいろな意味で努力して、ようやく成功したという点。それを考えず、うかうか開業しても、生き残っていけるわけがありません。

ためしに、他の業種と比較してみてください。同じ年収７００万円〜１０００万円なら、上場企業のほうが手厚い福利厚生に恵まれ、待遇面では圧倒的にいいのです。対する歯科医師の場合、休みを取れば即減収になるのは確実でしょう。勤務内容にしても、15分〜30分単位で小刻みに動き続けなければならず、50歳を超えるとずっとしんどくなります。

歯科医師免許をもっている人は、生涯、働き続ける場合が多いと思います。それを見て、周囲の人々は開業を勧めがちですが、国の現状等を考えた時、その口車に乗ってしまうと、開業したものの患者さんは来ず、閉院。残った借金は再び勤務医に戻っても返し続けなければならない、そんな悲惨な結果になるのです。

「自分だけは違う」それが甘い考えでないか、今一度、冷静に考えてみてください。

経営
カネ

厚生年金にしないと質の高いスタッフの確保は難しい

年金！　60歳目前の私でさえ、はるか先の話で、自分たちの世代はもらえないと思っていました。しかし、老いは必ず来ます。その時の用意ももちろん大切ですが、ここでの話は、スタッフを雇用する際には、厚生年金がどうしても必要という点についてです。

年金が、歳を取って退職した後の生活資金の支給だということは、皆さん理解しておられると思います。公的年金には、大きく分けてふたつあります。ひとつは国民年金、もうひとつが厚生年金です。おおまかに言えば、自営業者は国民年金、医療法人のスタッフは厚生年金の被保険者になります。歯科医師の場合、5人未満のスタッフで運営している歯科医院は国民年金、医療法人の場合は厚生年金になります。

国民年金は「基礎年金」と言われ、建物にたとえると1階部分。一方、厚生年金はこの1階建ての上に載っている2階部分に相当します。つまり厚生年金の保険料には、国民年金の保険料も含まれていると思っていただいて差し支えありません。このように、国民年金プラスアルファという成り立ちから、老後は当然、厚生年金のほうが有利になります。

ただ、事業主つまり経営側から見た場合、そこにはスタッフの厚生年金保険料の負担という問題が出てきます。国民年金には事業主負担はありませんが、厚生年金では、保険料を事業主とスタッフが半分ずつ負担することになっているからです。国民年金の保険料は所得に関係なく一律ですが、厚生年金は所得に応じて変動しますので、すべてのスタッフの分を合計すると結構な額となってきます。

それでもなお、厚生年金にしたほうがよい理由。それは、衛生士の雇用のためです。ご存じの通り衛生士は今や〝金の卵〟であり、各地の専門学校の就職説明会では、生徒さんたちに示す雇用条件として厚生年金が大変重視されています。逆に言えば、厚生年金に入っていないと、質の高いスタッフの確保は難しいということです。

そうだとすると、スタッフ数人の個人経営の歯科医院は、厚生年金ではない＝よいスタッフを集めることはできないのでしょうか？

そういう時は、日本年金機構に厚生年金の任意加入を申請すれば大丈夫です。同時に、健康保険も「協会けんぽ（全国健康保険協会）」に加入することになります。歯科医師国保に残りたい場合、除外申請もできますが、そうするメリットはあまりありません。なお、厚生年金は事業所単位での加入になりますので、スタッフによって「この人は国民健康保険だけ」という形にはできないことも覚えておきましょう。

経営
カネ

個人経営の場合は給与所得控除を受けられない

給与所得控除とは、簡単に言えば給与所得者の必要経費を認めてあげようという制度で、おもに普通のサラリーマンを対象にしていると思われます。たとえば営業職の場合は、しっかりしたスーツを着ている必要がありますし、名刺入れひとつでさえ、いい加減な物ではいけません。でも、こうした身の回り品の購入費用は、会社に請求するわけにいかないため、この部分をサラリーマンの必要経費として認め、税金を安くしてあげようというのです。

この給与所得控除、じつは歯科の勤務医や衛生士にも認められています。具体的には、年収660万円以上1000万円以下の場合、年収の10%に120万円を足した額が控除され、700万円なら190万円が経費として認められるのです。

実際、これだけの金額を勤務医は必要経費として使っているでしょうか? 白衣等の被服費は、すべて医院から貸与や支給をされているはずです。通勤費もしかり。よって、残るのは業務上必要な書籍の購入や研修会の参加費用というあたりでしょう。でも、そうしたことにそれほどの経費を使っている勤務医がいるとは、あまり考えられません。

この給与所得控除については、勤務医でいるうちはほとんど意識しないと思います。しかし、開業して個人事業主になった場合、この控除がないことで、税金が相当重くなる場合があるのです。たとえば、勤務医の時に収入が700万円あった場合、給与所得控除が約3割程度認められていますので、これを引いたあとの金額に対して所得税の計算がなされます。それが、個人開業の場合、売上から必要経費を引いて700万円が残ると、これが院長の所得となります。勤務医の時にあった給与所得控除は受けられません。社会保険料の控除はありますが小額で、ほぼ、全額に所得税がかかります。よって、払う税金が大きく違ってきてしまうのです。

しかも、2019年の所得税法改正以降は、1000万円超の年収に対しての給与所得控除は一律220万円となりました。これは一般のサラリーマンというより、給与報酬を得ている経営者を狙い撃ちしたもので、医療法人の理事長や院長はこの層に当たります。

健康保険についても、医療法人の勤務医は歯科医師国保、ないし多くは国が運営している協会けんぽ（全国健康保険協会）の被組合員です。給与明細を見ると、厚生年金の保険料がやたらに天引きされていると思われるかもしれませんが、それと同じだけの金額を医療法人も払っており、じつは手厚い保護が受けられているのです。

このように、勤務医の場合のほうが、税制上優遇されているのを忘れてはいけません。

経営
キッズ

「都筑キッズデンタルランド」という新たな試み

私ども敬友会では横浜市の都筑区中川において、子どものための子どもだけの歯科クリニック「都筑キッズデンタルランド」を運営しています。歯というのは大人になってトラブルが出てから治療を行うより、子どもの頃からの教育と啓発、習慣づけでこれを未然に防いだり、軽度のうちにメインテナンス処置をするのが医療面でも、経営面でも重要なのです。歯は削れば削るほど、治療すれば治療するほど弱くなりますし、そうした経験自体が子どもたちの怖く痛い思い出となり、歯医者嫌いになります。そうではなく、初期虫歯のうちに再石灰化など自然治癒力で治せるようにしたい。そのためにも、歯科医院を「歯を治療するところ」から「お口や歯の健康を守るところ」へとイメージチェンジし、子どもたちにどんどん来てもらえるようにしたい、というのが設立の目的です。

都筑キッズデンタルランドのエントランスを一歩入ると、そこはいわゆる「歯医者さん」とはまったく違う、テーマパークのような雰囲気。スタッフのユニフォームはポロシャツやアロハシャツにし、壁のそこかしこに当院オリジナルのキャラクターが描かれる

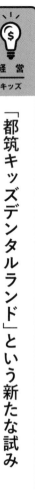

など、子どもたちの緊張をやわらげる演出をさまざまに施しています。南国をイメージした広々とした待合スペースには、歯磨き練習スペースのほか、自由に遊べるボールプール、子どもたちの大好きなガチャガチャも設置。カラフルなチェアで冷たさを追い出した診療スペースでは、ロボットのPepper君もお出迎えするなど、「歯医者に行くのを嫌がらない」どころか「行こう」とせがまれる――そんな場所になるよう工夫をこらしました。

前述のように予防を第一にしてはいますが、残念ながら治療が必要になった場合も、必ずお子さま自身の納得を得てからスタートします。具体的には、治療器具を見せたりさわらせたりしながら、何をするのかを説明したり、何回も通院してもらってのトレーニングからスタート。よほどの緊急性がない限り、いきなり押さえつけて無理やり治療するようなことはなく、治療の際はラバーダムによる防湿治療で細菌の侵入を抑え、接着効果を高めて再治療のリスクを最小にしています。ラバーダムはアメリカの一流歯科で必須とされ、日本の大学でも使用すべきと習っているはずなのに、これを使わない歯科医が多いのは残念なことです。

ほかにももちろん、治療・検査のための設備（マイクロスコープやCTなど）に最先端のものをそろえるなど、すべては未来ある子どもたちが「歯で悩むこと」がないようにするため。そしてそうした考えはまた、経営面でも大きな果実をもたらすと考えるからです。

歯科経営においてますます重要になる「小児歯科」

いかがでしょう？　都筑キッズデンタルランドのめざすところや、その設備についてお読みいただき、私どもがいかに小児歯科に力を入れているか、その一端をご理解いただけたと思います。しかし、世間では今、少子化への不安が盛んに叫ばれているのに、なぜ小児歯科なのでしょうか？　これに対しては、ふたつの側面から考える必要があります。すなわち、医療的な意味と経営的な意味です。

医療的な意味としては、日本の学校保健教育において歯科教育がほとんどされていない――それに対する警鐘です。患者さんたちは、虫歯になれば歯科医院に行って3000円程度を払い、それで歯が治ったと錯覚されます。しかし、それはけっして治ったということではなく、問題の先延ばしをしただけ。要は、抜髄をして根管治療を受けた歯は、いつかは折れる可能性があるということです。

そうなった場合、インプラントを選択していただくのがいいのですが、義歯やブリッジの健康保険治療ではどんどん悪化してしまいます。そうした悪循環をくいとめるには、やはり小児の頃からの歯科教育が欠かせないのです。

経営的な意味においても、義歯やブリッジを健康保険で行った場合、見かけの点数は高くなりますが、実際は原価率が高く、けっして経営的に得策ではありません。子どもの頃からの歯科教育により、そうした事態を防ぐことのほうが長い目で見ると経営的にも大きなプラスなのです。

先にお読みいただいたように、私ども敬友会では小児歯科は都筑キッズデンタルランドとして、独立して存在します。そこでしっかり教育啓発を行って、ある年齢に達したら敬友会が運営する成人歯科医院に通ってもらう。そうすることで、いわゆる〝川上〟から患者さんを囲い込むことが可能です。たとえ少子化が進んでも、子どものうちから〝かかりつけの歯医者さん〟になっていれば、大人になっても十分にリピーターとなり得るのです。教育のおかげで予防意識が高く、カリエスがほとんどない患者さんたちに、定期的にメインテナンスのための来院をしていただければ、患者激減のリスクは下がり、原価率もとことん低くなって、経営は安定します。

しかも、現時点では地域によるバラツキがありますが、小児医療は助成を受けられるケースが多いというのも大きいメリットです。たとえば東京23区では、中学生まで歯科医療費は無料の区が多く存在します。利用にあたって所得制限はありますが、横浜市でも小学生まではほぼ無料です。この、無料というのは、どういう意味でしょう？　当然、診療にはお金がかかるので、すべて税金でまかなわれる、つまりは私たちに税金で集められたお金が入って来るのです。私ども敬友会では、法人税やいろいろな税金を国や自治体に納めていますが、それが返ってくる点に注目しないわけにはいきません。純粋に民間業者でありながら、ある意味で税金を取り戻せるのは、医療と土建業界くらいのもの。他の業種ではあり得ないほどに優遇されているわけで、それを上手に活かさない手はないでしょう。

そしてまた、現在の健康保険診療では診療録に主訴の記載が必要ですが、かの「青本」には患者が違和を訴えた場合、たとえ診察の結果で疾患が発見されなかった場合も「健康保険の適用を認める」としっかり書いてある点を見逃してはいけません。これはつまり、来院していただければ収益につながるということであり、子どもの場合は大人のようにペリオだの顎関節などの診査の必要もないのです。

もうひとつ、子どもさんたちを囲い込むことで、その親御さんたちも顧客にするという面も経営上のメリットとなり得ます。実際、都筑キッズデンタルランドでは「ままぱぱタイム」として親御さんたちの診療も限定で実施。虫歯は感染症の側面もあり、親御さんの治療と予防意識の喚起をしておくことは、意味があります。こうした場合、健康意識の高い方が多いため、先にあげた原価率の点でも大きな負担になる恐れもありません。

都築キッズデンタルランド　エントランス

ウッドで温かみを演出した受付

歯科衛生士専用ユニット

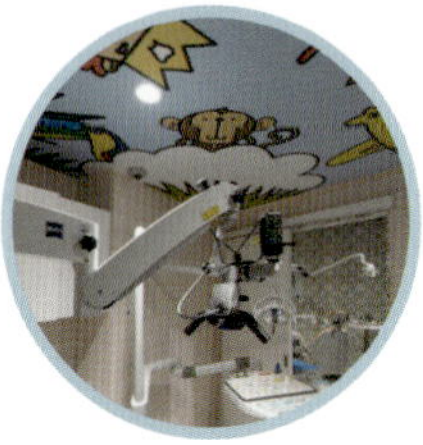

子どもをリラックス
天井にも絵が

怖がらせない、飽きさせない工夫

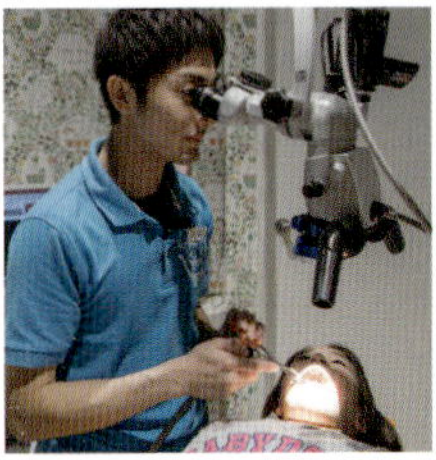

子どもの歯の診療にこそ
マイクロスコープが必要

くぼくら歯科医院

くぼくら歯科医院　受付

エントランス
（内側から）

滅菌・作業スペースもオープン化

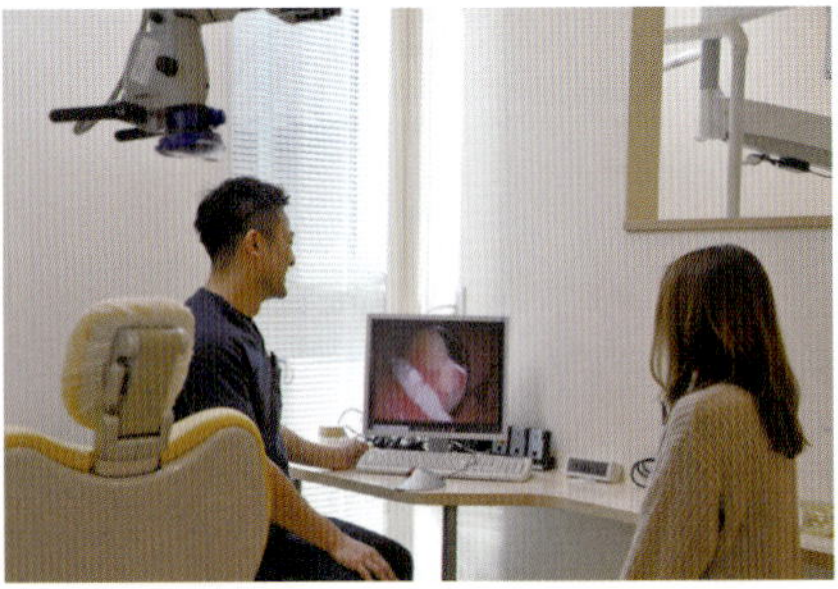

カウンセリングコーナーにて動画を用いて説明

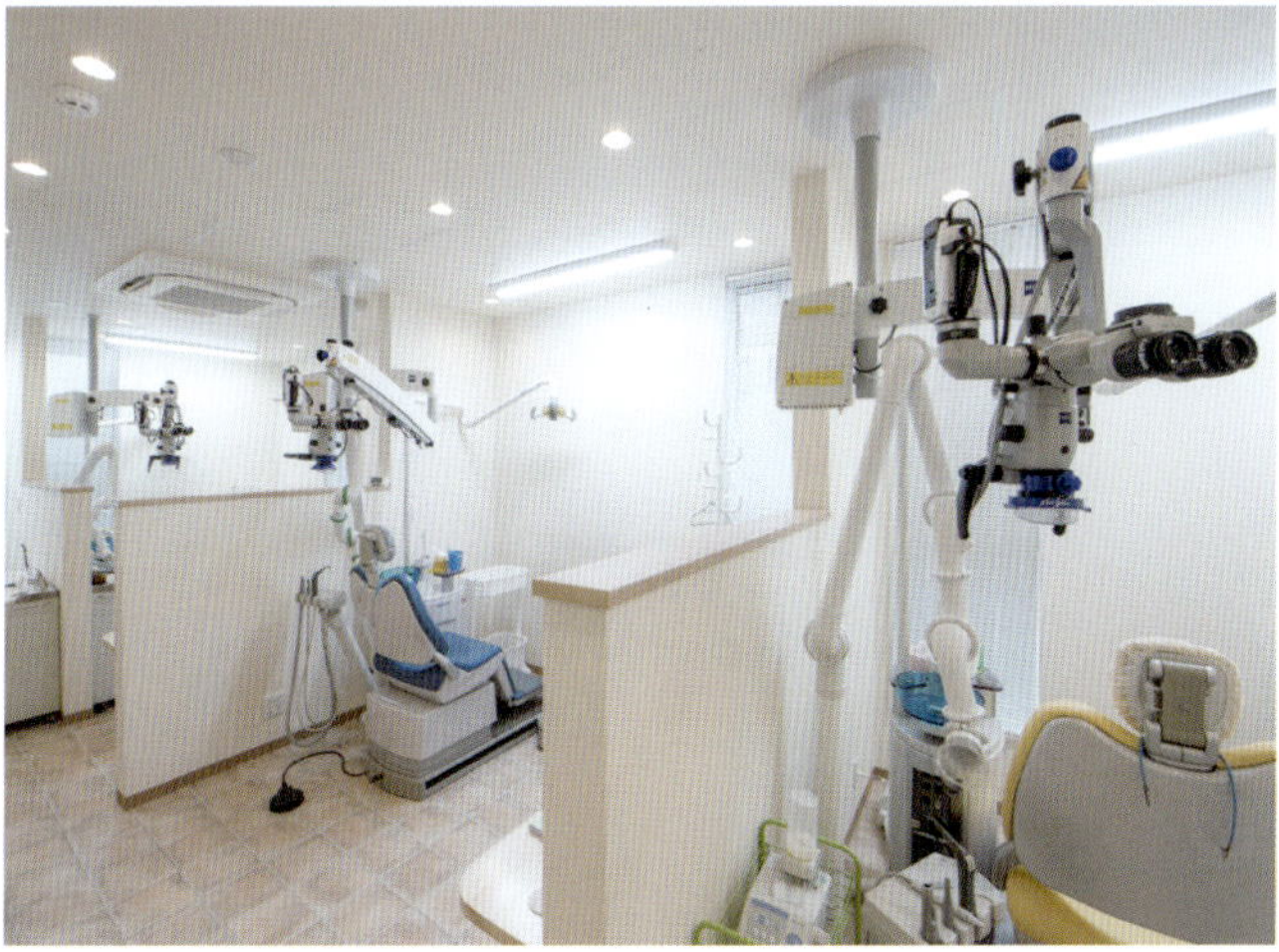

6 つあるユニットのうちの 3 つ

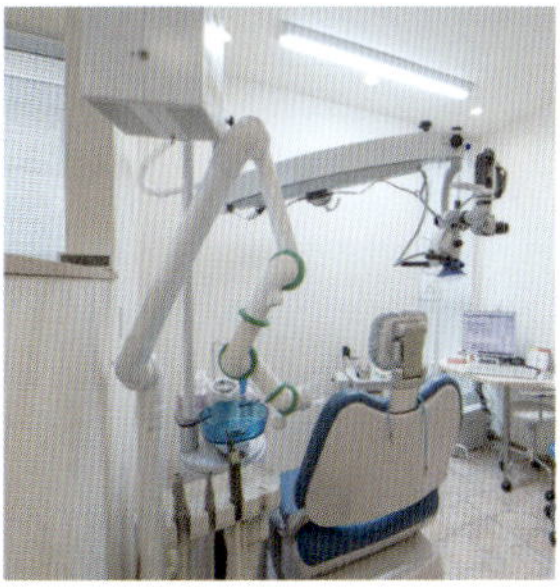

ユニット単体

小机歯科医院　エントランス

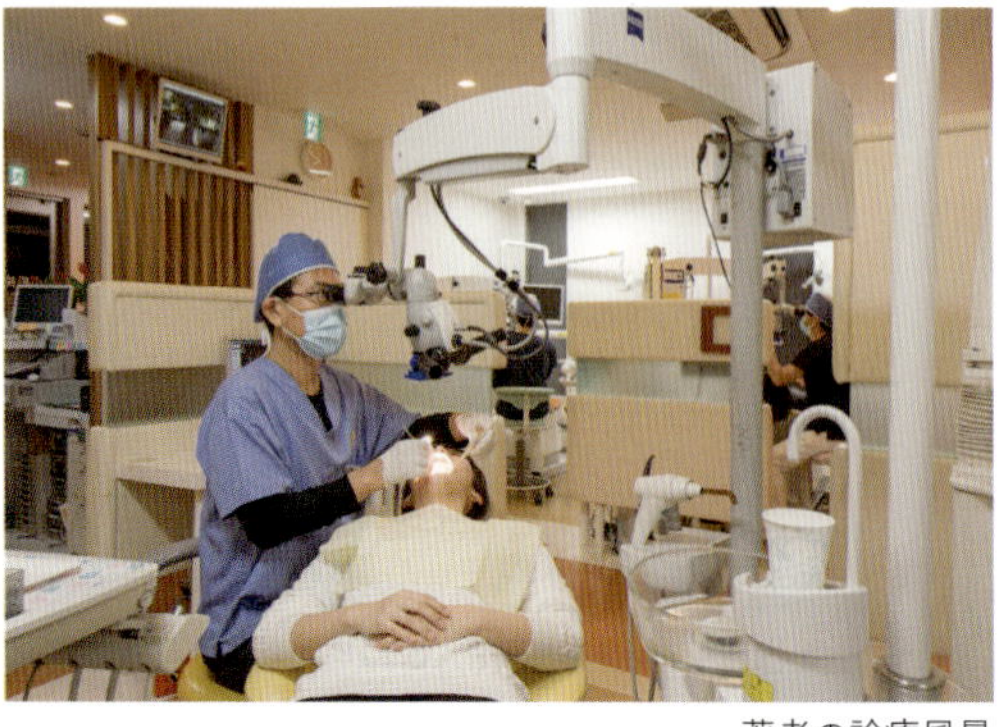
著者の診療風景

小机歯科医院　1F 受付

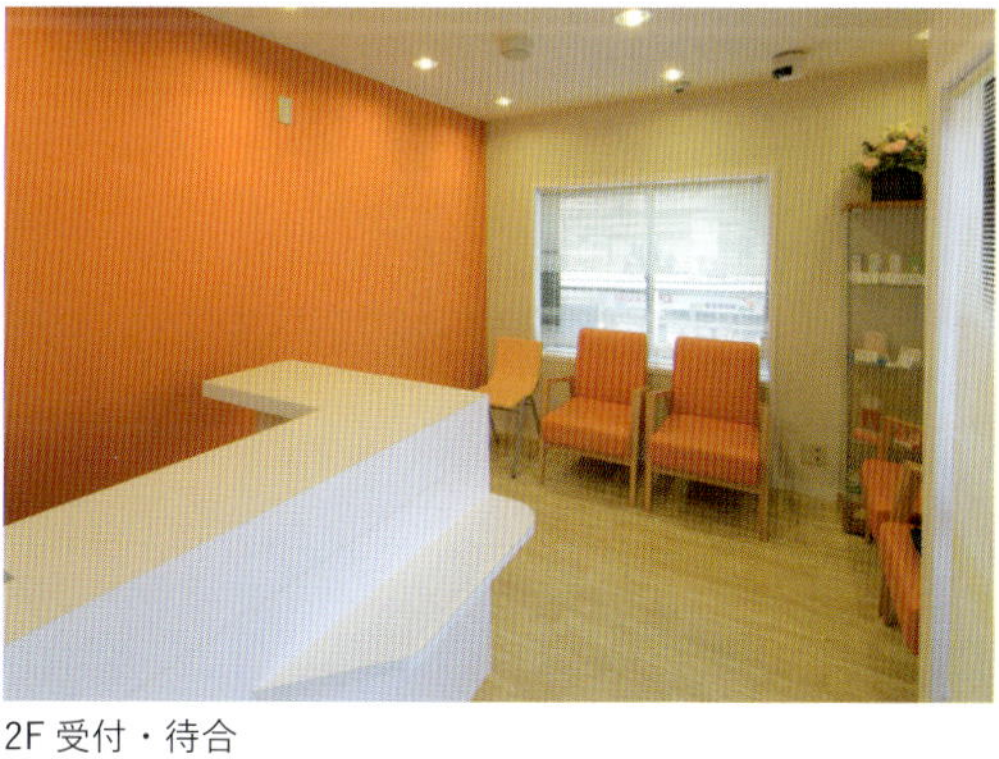

2F 受付・待合

歯科用ＣＴ

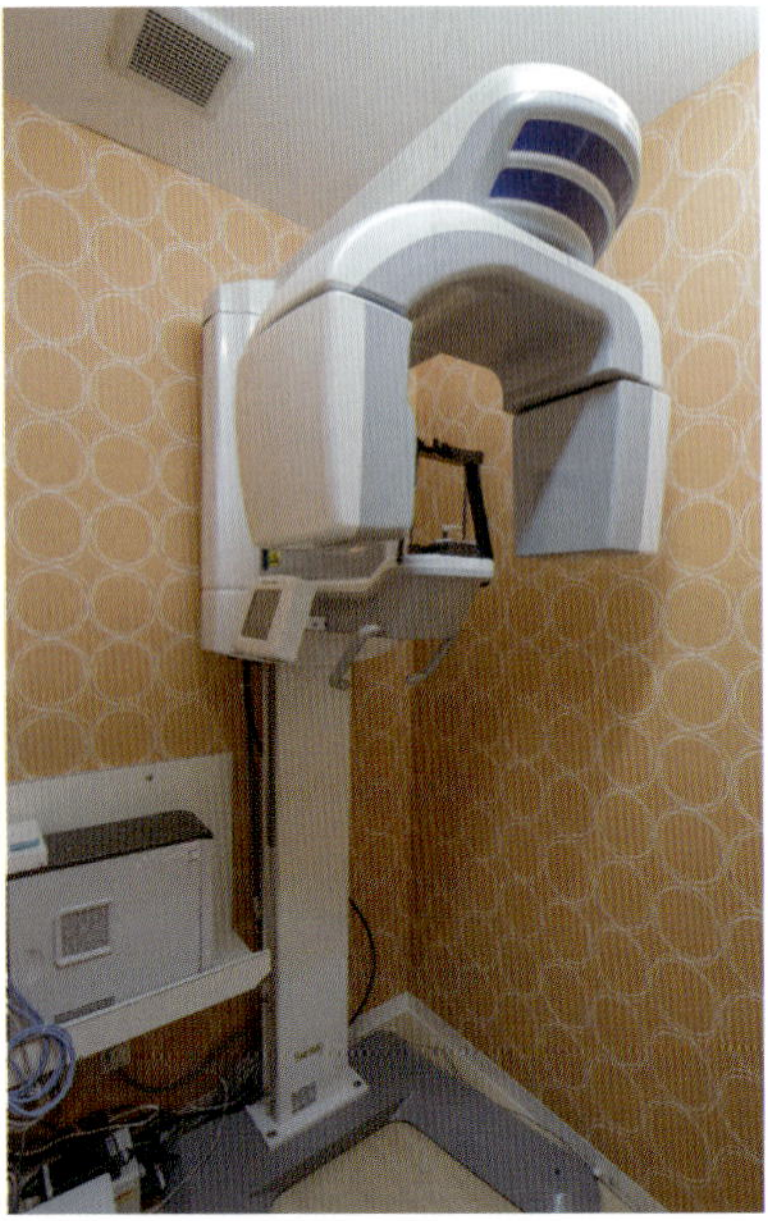

マイクロスコープ

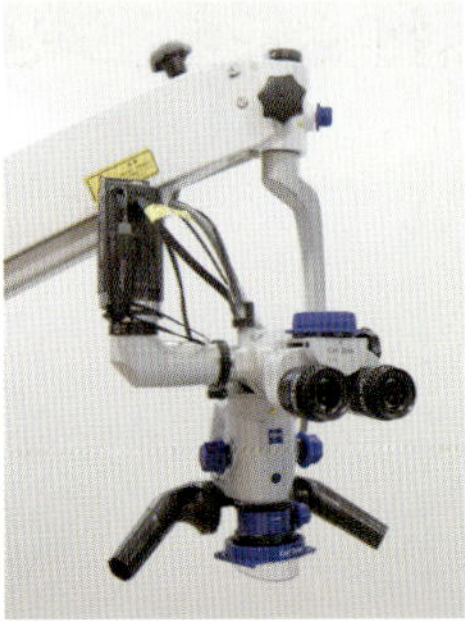

CAD ／ CAM 装置

上段：クラスＢ滅菌器
下段：JETウォッシャー

立地

〜選ばれる歯科医院のつくり方〜

立地

都会の歯科医院は1階以外はダメだ

街なかを歩くと、歯科医院は意外に2階にありますし、それ以上の階にもあります。東京都心のオフィス街などでは、ひとつのビルのいろいろな階に複数の歯科医院が入っている場合もあり、歯医者というのは建物の何階にあってもよさそうな感じがします。

しかし、ひとたび患者さんの身になって考えるとどうでしょう？　現在は、ホームページなどでその医院の雰囲気をある程度は探ることができます。でも、そのきっかけとなるのは、やはり目で見て、その医院の存在を認知した場合が多いのではないでしょうか。

とあるコンサルタントの資料によると、通常の歯科医院の場合、半径500メートル以内に65％の患者さんが存在し、その倍の1キロに85％が存在するそうです。つまり、ほとんどの患者さんは医院を中心とする直径2キロの円内に存在することになります。

これはとりもなおさず、患者さんがその医院の前を通った可能性が大きいということです。とすれば、2階以上の歯科医院の場合、患者さんが上を向いてばかりいる幸運を期待しない限り、認知されにくいのは当然でしょう。そのうえ、2階以上ですとエレベーターに乗ったり、暗い階段を上っていくわけで、心理的なハードルもかなり高いと考えられます。

これに対し、1階の歯科医院の場合は毎日、通勤通学でその歯科医院の前を通っていて、看板や内部をなんとなくでも見ているケースが多いもの。すると、一挙に心理的なハードルも下がるのではないでしょうか。皆さまがもし、現在2階以上で歯科医院を開業している場合は、近くに1階で開業できそうな物件が見つかり次第、移転をお勧めします。

が、これには例外もあり、大規模なショッピングモールの場合は何階でもかまいません。こうした場所では階数を問わず人通りが多く、駐車場も完備され、買い物ついでの需要が見込めます。テナント職員として社員食堂を使えるケースも多く、スタッフが集めやすいのもメリットです。ただ、こうした場所はテナント料は高額ながら人気は高く、水面下で契約が決まってしまうケースもあり（コンペになっても出来レースの場合があります）、個人でいきなりこのような物件が借りられることは、まずないでしょう。

あと、2階から1階への移動ではありませんが、こういうこともあります。以前、当会の小机歯科医院は駅から近いものの、メイン通りから10メートルばかり引っ込んでいました。そこで移転をし、前よりも駅から100メートルほど遠くなりながらも、メイン通りに面した場所になった途端、患者さんは1カ月に100人も増えたのです。

人目につく場所であることがいかに大事かを、思い知った経験でした。

立地

歯科医院は駅チカにつくれ

自分が開業している場所や開業を予定している場所の近くに、駅がない場合、あってもはるか遠くの場合に、皆さまは「そんなの、車社会だから関係ないよ」と思ったりしていませんか？　それは大きな間違いです。

これから高齢化が進んで人口減が加速するようになると、地方の小都市からは人が見るみるうちにいなくなり、人口がいよいよ都市部に集中してくるのは目に見えています。

それでは、都市部ならどこでもよいかというと、それもまた厳しい。現在、都市部では駐車場や車庫代など車の保有コストが上昇している一方、車を持っていることのステータスが下がり、若者の車離れは著しいものがあります。

つまり、人はこれから先、公共交通機関を利用する頻度がますます増えると考えられるのです。

そうした場合、自宅から駅まで歩ける方ですと、その経路には親しみがありますが、逆に自宅から駅に遠くなる方向に歩くのには、少なからず抵抗感がある。おそらく、ほとんどの人がそうだと思います。よって、自宅よりも駅に近い歯科医院は選んでも、駅から遠くなる歯科医院には足が遠のくことになるのです。当然、最初から市場は小さいと考えるしかありません。

ただ、市場が大きい駅前の場合、歯科医院も密集していますし、開業するテナント物件も大変少ないのが現実。そう聞くと、多くの歯科医の皆さまは、空白地帯を地図から探して物件を探したりします。

しかし、それがそもそもの間違いです。多くの歯科医院が乱立するということは、すなわち市場が大きいことを意味しています。

物件がないというのも、ひとつの駅にこだわらなければ意外とあるものです。また、待てば出物がある場合もあります。

そのうえ、駅の近く――駅チカなら、電車を利用して来院して来られるケースも予想できますが、駅から歩いて行けないような場所では、その周囲の住民以外、患者さんになってくれる人はいません。

こう考えてくると、歯科医院は駅チカのメイン通りの1階にするべし。それ以外の選択肢は考えにくいと思うのが正解です。

立地

未来の過疎地で開業するな

過疎地で開業するな。もっと正確に言えば、〝未来の過疎地〟で開業するな！　ということです。

歯科医院を開業するとなると、その場所で30年程度は診療をする覚悟だと思います。しかし皆さまは開業する時に、その場所の30年後をイメージしているでしょうか？　都会に暮らしていると、人はたくさんいますし、慢性的な人手不足で、人口減少はそれほど身近に感じられないと思います。が、地方都市では、すごい勢いで人口が減っているのは厳然たる事実です。

２０１８年現在の日本の推計人口は約１億２６５２万人です。これがあと20年後の２０３８年には、約２１００万人減って１億０４９２万人になると言われています。「それでも韓国の2倍強はあるじゃないか」と言う方もいらっしゃると思いますが、現実はそれほど甘くありません。

２１００万人とはどんな数字でしょうか。２０１７年の人口ランキング2番目の神奈川県が916万人、第5位の埼玉県が730万人、第6位の千葉県が625万人となっており、南関東3県分の人口がそっくり消滅することと同じなのです。

実際に人口減はどこで起こっているでしょうか？　47都道府県のうち人口が増えたのは、東京、愛知、埼玉、神奈川、千葉、沖縄、福岡、滋賀の8都県のみで、残りの39道府県ではすべて減少しています。

では、人口減になるとどうなるか？　人が少なくなった自治体では税収の大幅減などで社会基盤が維持できなくなり、人は都会に集まる傾向が明白です。市町村のホームページには、その土地の将来的な人口推計がほぼ載っていますので、ご覧になってください。

歯科医院の場合、現在の保険診療の状態では、日に20人程度の患者さんを維持できないと、経営が困難なのはご存じの通りです。この先、その町の人口が減っていった場合、貴方の歯科医院はどうなるか——簡単に予想できると思います。

特に要注意なのが親子継承の場合で、何も考えず設備を一新して歯科医院を継承しても、患者さんは高齢者ばかりで技工代はかかるし、患者数も先細りになる一方。過疎地での経営は正直、難しいと考えざるを得ません。

将来的に、歯科医は都会（たとえば、東京、神奈川……）の〝駅チカ〟で1階しか盛業は期待できないと思います。

立地

地方都市の歯科医師の行方

そこに人がいる限り、歯科医師の仕事はあり続け、なくなることはないでしょう。

ただ、問題はその場所に歯科医院が存続できる状態を維持できるかという点。医院はおろか、生計まで維持できなくなる可能性も考えておく必要があります。そのためには、患者さんをどう確保するかが第一の問題なのは、誰にでもわかること。実際、近い将来に日本の人口は急激に減っていきます。それも大都市圏からではなく、確実に地方からです。

ひと口に地方と言っても、いろいろで、人口が数十万人いる中核都市から、鉄道もないか、あっても1時間に1本以下、ほぼ車社会のような地域もあるでしょう。

現在の健康保険診療中心の状況では1日20人を診て、ようやく損益分岐点上という感じです。しかも、将来的に健康保険制度が今の形で残るわけはなく、おそらく混合診療が解禁され、自由診療が今以上に重要なウェイトを占めるのは間違いないと思います。と、そのように考えた時、この最低20人以上の来院患者を将来も維持し、かつ自由診療もできるようなところはというと、そうした場所は果たして地方都市にはあるでしょうか？

そうだとすると、すでにそのような危機的状態にある土地の歯科医院は、今のうちに移転しておくことが賢明だと思います。また、安易にお勧めはしませんが、これから開業を考えている場合は、地方都市は極力避けなければなりません。

それでも、どうしても地方都市での開業にこだわるとおっしゃるなら、郊外ではなく、少なからず人がいる街中しか選択肢はないでしょう。そして、大規模化を図るか、極小に徹するかのどちらか――いずれにせよ、地域でダントツと呼ばれる存在にならないと存続が厳しいのは間違いありません。「このあたりの歯医者なら、あそこに行かないと、まともな診療は受けられない」という評判を得たとしても、大規模化しようとする場合、医師やスタッフの人集めに苦労するのは明らかです。

皆さまのなかには、歯科医師の子弟の方も多いと思います。「親父にできたのだから、自分にも」と思うかもしれませんが、当時は歯科医師も少なく、人口も経済の状況も右肩上がり。健康保険も盤石で、おまけに租税特別措置法26条の優遇まで受けられました。現在はその時代とは条件や環境がまるで違います。

最近、高度成長期に整備された道路や橋、トンネルなどのインフラの経年劣化が著しいという話をよく耳にします。歯科医をはじめとする医療のネットワークもそれと同じ、人口の減少とともにその維持は極めて厳しくなっていると言えるでしょう。

継承と開業

新たに歯科医院を開設しようという場合、一般的に新規開業はお勧めできません。一番いいのは跡継ぎのいない医療法人が経営する盛業歯科医院を引き継ぐこと。医療法人の場合は個人開業と違い、土地建物は理事長がもっていても、設備の多くは医療法人の所有です。内装をはじめ、ユニットやレントゲン、CTやマイクロも……その総額は相当な額になります。もしも、理事長が交代する時はどうなるのでしょう？　この設備自体は理事長のものではありません。誰が理事長になろうと、医療法人のものなのです。もし引き継げれば、ハンコひとつで、設備を使ったり、処分できる権利が手に入ります。

その設備を買うに当たって、理事長が自宅等の個人の財産を抵当に入れていたり、連帯保証人になっている場合は、それらをはずす裏づけとなる資産が必要な場合もあります。しかし、現実的に患者さんが来ていて盛業であるという事実があれば、金融機関からの借り入れもおそらくは容易。医療法人にほとんど借り入れがない場合、理事長もそれほどの連帯保証をしておらず、引き継ぐための土地等の資産は不要です。多少の権利金を払っても、新規開業よりもおそろしく安く、ノーリスクで、事実上の開業ができてしまいます。

個人経営の歯科医院を継承する場合はどうでしょう？　この場合は、内装やすべての設備が院長個人のものです。よって継承をする場合は、それらすべてを買い取る必要がある、つまり現金が必要です。医療法人ではタダ同然で引き継げるのに対し、現金で買わなければなりません。それでも盛業中であれば、患者さんが来るのはわかっているので、金融機関から借り入れをしてもよく、独立新規開業よりはマシと言えます。

新規開業をするとして、資金面で最も面倒が少ないパターン。それは、親が盛業している医療法人の理事長の場合です。その医療法人の分院長になって開業するパターンもありますが、これは独立開業とはやや違う気がします。一方、親が医科の医師の場合、歯科とは比較にならないほどの収益がある場合があります。であれば、医療法人内に資金をプールさせ、それを使って子息の歯科医師のためにその法人のなかに歯科を開設してしまうのです。この場合は事実上、親が資金を出したわけですが、医療法人を使っているため贈与にはならない——つまり、子息の歯科医師の開業資金はほぼかかりません。しかもその医療法人の理事となるので、歯科を開設して患者さんが全然来なくても、医療法人から給与をもらえるうえ、スタッフの給与もすべて支払ってもらうことも可能です。

そして、適当な時に医療法人を分割することもできるのです。

ピークは2カ所、小児歯科医療にさらなる可能性

年齢階級別の1人当たり歯科診療医療費は、平均して男性が20,300円で女性が22,600円。経年とともに増加する医療費は70～74歳でピークを迎える一方、5～9歳にもうひとつのヤマがあることがわかる。ここからは、小児歯科医療の市場に新たな可能性を読み取れる。

【年齢階級別にみた人口1人当たり歯科診療医療費(2013年度)】

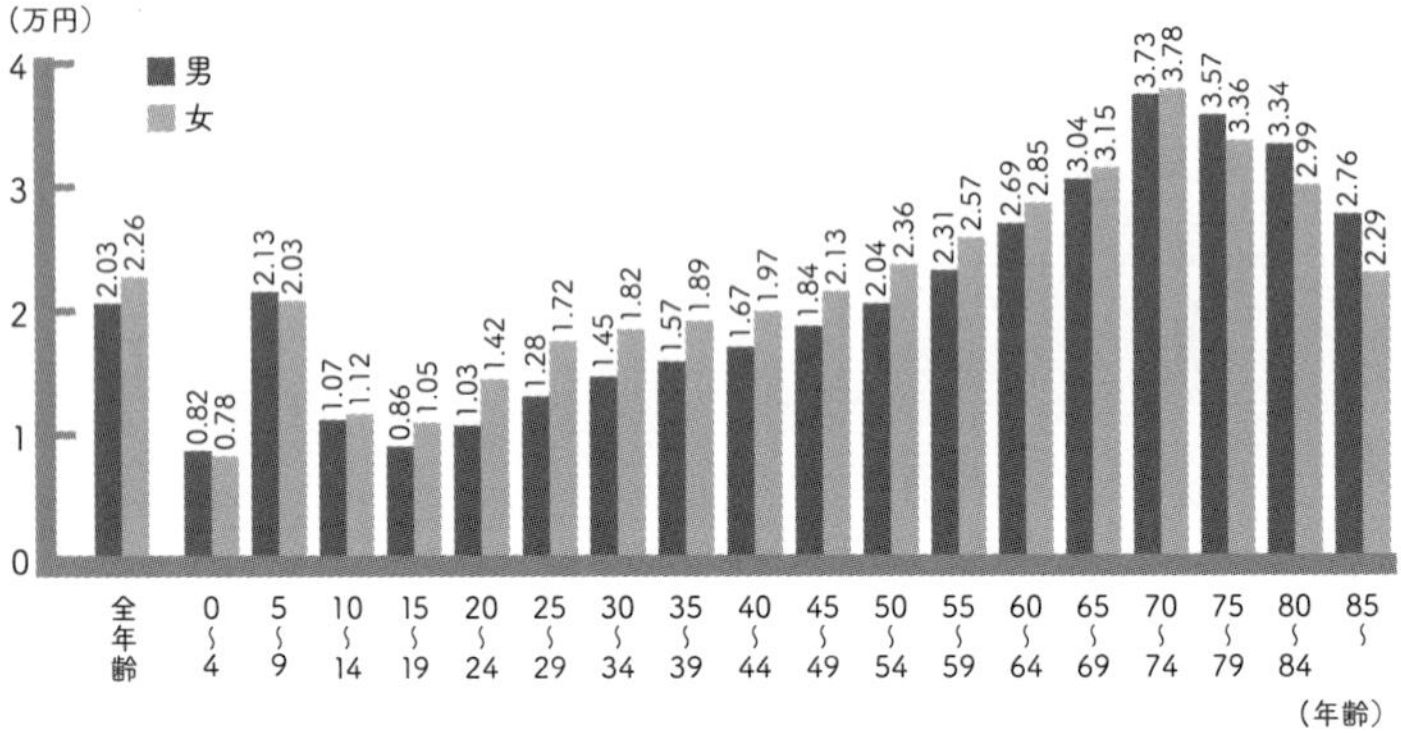

(資料『2015年版　歯科口腔保健・医療の基本情報「現在を読む」』日本歯科総合研究機構編)

設備

～選ばれる歯科医院のつくり方～

DENTAL CLINIC

設備

医院の入り口はとにかくきれいにしろ

患者さんには医療の質はほとんどわからない、と本書のなかではたびたび書いています。であるならば、患者さんは何をもって「いい歯医者さんだ」と判断するのでしょう？　それはたとえば、受付のスタッフの感じがよかったとか、施設が近代的できれいとか、意外なほど当たり前な点ではないでしょうか。

ということで、歯科医院の外観についての話です。

当会では、後藤横浜事務所という設計事務所に外装・内装ともすべて依頼してきました。理由は簡単、最初にセミナーでお会いした時の、社長の言葉が印象的だったからです。そのセミナーでは、いろいろな医院の外観を見せていただきましたが、そこで社長のおっしゃったのが「医院の外観は、院長のやる気を示す」という名言でした。

じつにもっともな話で、外観からは他にも、たとえばどんな年齢層の来院者を求めているかがわかりますし、入り口のデザインからは医院の活気も伝わります。

一方、診療室の内部はどうでしょう？　患者さんにしてみれば、緊張しながら診療を受ける場所ですので、それほどリラックスして内装をご覧になることはないのではないでしょうか。言い換えると、患者さんがよく見ているのは入り口から待合室で、ここだけはバッチリ見ていると思って間違いありません。

だからこそ、この2カ所に関してはお金をかけ、院長のやる気を見せられる外観と待合室にするべきです。そのためにも、医院のロケーションは、やはりメイン道路に面した1階が望ましいのは言うまでもありません。そして、入り口はとにかく「入りやすさ」に重点を置くこと。では、その場合に必要なのはどういう条件でしょうか?

多くの人にとって、歯科医院とは入りにくい場所に決まっています。なかでも、人間の心理として内部が見えにくい場所には怖くて入りにくいものです。飲み屋さんを思い起こしてみてください。分厚い木の扉のバーなんて、一見さんはまず入れないですよね。それに対してオープンエアのカフェなどであれば、気軽に入れます。

歯科医院も同じで、少し内部が見える必要がある。プライバシーが侵害されない程度に見える、ということです。そうなれば、待合室の位置は建物の道路側に面している場所で決まりです。構造上それが無理な場合も、なんとか活気が伝わる工夫を考えましょう。

入り口の扉も重要です。必ず透明なガラスを用い、あとはシールの目隠しくらい。できれば自動ドアがいいでしょう。とにかく、心理的なハードルを下げるのがポイントです。

設備

カウンセリングルームはつくるな

この、カウンセリングルームという設備、どんなコンサルタントもつくるようにと言います。ですが、私はなぜこんなムダなスペースが必要なのか、意味がわかりません。

仮に患者さんの立場になって、カウンセリングルームに通された場合、どう感じるでしょうか？ 何か高額な治療法の説明でも言い出されるような気がしませんか？

当会の4つの歯科医院には、そのようなカウンセリングルームは一切ありません。にもかかわらず、自由診療の比率は平均的な歯科医院よりも多いと思います。

なぜでしょうか？ それは、各ユニットにカウンセリングルーム以上の機能をもたせた設備、いわば「カウンセリングコーナー」形式にしてあるからです。

各ユニットには必ず、細長いテーブルがあります。そこには当然、パソコンを設置。インターネットには常時接続。このネットは便利なもので、仮に矯正の説明をしたい場合、自分の手元に説明用の写真や図がなくても、検索すればすぐに出てきます。

また、マイクロスコープからの映像はキャプチャ用のコードを通してパソコンに取り込み、録画ができるようになっています。この方法については、メーカーや販売店はあまり話してくれません。メーカー推奨の録画装置が売れなくなるからでしょう。

この録画した映像は大変大事で、これを患者さんに直接見てもらうと説明の信憑性が格段に増し、本気になって高度な治療を考えていただけるのです。たとえば、カリエスが深い時などは映像を見てもらい、二度とそんな状態にしないためセラミックの治療を紹介。そして、動画で軟化象牙質をほじっているところをご覧に入れます。これなど、静止画では得られないインパクトです。

もしこの動画をカウンセリングルームで見られるようにするには、ケーブル等の設備が大変になります。より簡単に、You Tubeなどを利用する手もありますが、それでもアップする手間と時間がかかってしまい、リアルタイムで見せるのは不可能です。

そもそも、このカウンセリングルーム式ですと、ひとつしかない（おそらくそうでしょう）部屋が使用されている場合、他の患者さんのカウンセリングができないという最大の欠点があります。

一方、当会のようなカウンセリングコーナー方式なら、すべてのユニットでいっせいにカウンセリングができるのです。当然、ユニットが多くなればなるほど、この方式のほうが診療の生産性は高まるのは言うまでもありません。

DENTAL CLINIC

設備

個室にはするな

はっきり言って個室はブーム。これは、昨今の個人情報やプライバシー保護の流れと無関係ではないと思います。しかし歯科医院の場合、患者さんと医院、両方の立場から考えてみる必要があります。

まず患者さんサイドからすると、プライバシーが完全に保たれるというのは言うまでもありません。ですが、ひとつ考えなければならない点もあります。それは、患者さんの急変に気がつきにくいという危険性です。スタッフが常駐していればいいのですが、他の部屋に呼ばれて、その場にいないケースもあり得るでしょう。以前、改装後の日本歯科大学付属病院に行きましたが、個室ではなく半個室になっていました。理由は、やはり患者さんの急変を見逃さないため。また、米国の大学病院でも、学生やファカルティ（講師陣）など身分によって違いはありますが、個室化されている診療室は非常に少ない印象でした。

一方、経営面から個室診療室を考えてみましょう。その際に重要なのは、当然ながら保険診療をするかどうかです。通常、歯科業界で語られる、売上ベースで保険が6で自が4

でも、患者数は当然ながら6対4ではありません。人数比にすると、おそらく30対4程度になると思います。この場合、自由診療の4人については十分な時間を取れるはずで、個室でOKかもしれません。しかし、保険診療の30人を個室で診た場合、どうでしょうか？そこにはスペース面でのムダと、出入りのムダが生まれます。ご存じの通り、保険診療は30分をベースにしないと成り立たない構造になっているからです。

加えて、関係者以外に話が漏れるおそれがない個室は、クレームを言いやすい環境にもなります。それはまた、院長として衛生士や助手がどのように患者さんと話しているのかを聞けない、という問題にもつながります。よく訓練されたスタッフなら心配はないと思いますが、当然、そうでないスタッフもいます。

個室の場合はまた、患者さんの性別についての考慮も必要になるでしょう。衛生士のメインテナンスの場合、女性同士ならあまり問題はありません。が、男性の患者さんの場合、衛生士に対しセクハラ言動が皆無とは言えず、彼女たちのマインドを低下させる可能性を否定できないのです。

すべてを個室にするというのは、院長の目が届きにくい環境をみずからつくり、患者さんにも過度な自由を与えてしまう危険性があります。結論として、私が提唱するのは半個室。患者さんはお互いが見えませんが、立っている医療者同士は目が合わせられる環境です。

設備

増改築しやすいようにしておけ

努力が実って医院が盛業になった場合、ユニットの増台や建物の増築が必要になってきます。テナントでスケルトンからの場合は内装だけですので、それほど問題はないでしょう。むしろ、ハコを広げられない悩みに直面することが多いはずです。

一方、一戸建ての歯科医院の場合はどうでしょう? 普通の人の建築に関する知識だと木造と鉄骨構造の建物なら鉄骨のほうが頑丈そうな気がする程度だと思います。しかし、この基本構造により増改築工事は大きく規制を受けるのです。

増改築をするなら鉄骨ではなく木造が圧倒的に有利です。雨漏りでダメになった部分があっても、その部分を取り替えられるなど、増築に関してはとても簡単なのです。これに対し、軽量鉄骨造の場合は、工事・改築を断念、結局は解体して新築したとの話を聞いたことがあります。

木造は一見、弱そうで燃えやすく思いがちですが、専門家からすると耐震性も相当強くすることができ、つい先日も、３５０メートル、70階の木造超高層ビルを建てようという計画が発表されたほどです。また、木のもつやさしさは皆さまおわかりの通りで、鉄骨でつくったとしても内装にはやさしさを表すため、木を使った建築物が多くあります。

気をつけてほしいのは、ハウスメーカーによる軽量鉄骨造です。増改築がしにくいのに加えて、長期的にみると構造が心配という声もあります。軽量化のため、鉄骨の厚みを薄くしたのが軽量鉄骨造だからです。一番困るのは雨漏りで、知らないうちに鉄骨が腐食。建物の強度が極端に落ちてしまうこともあるそうです。

私はハウスメーカーで医院をつくるということ自体、考えものだと思います。以前、ハウスメーカーで2回、家を建てましたが、金額が高いうえに融通がききませんでした。独自の主張のマニュアルにがんじがらめなのです。

かと言って、工務店に頼むのもお勧めできません。私たちの世界で言う医薬分離ではありませんが、設計と施工の分離が絶対に必要です。設計と施工が同一ですと、どうしても施工側が建てやすい建物になるのは想像にかたくなく、妥協の産物になりそうです。

これが分離されていれば、設計者のほうが施工者より上で、指示を与える立場になります。設計通りにできていなければ、当然やり直しを命じることになります。完成のイメージが悪ければ遠慮なく言うことができますし、設計者は努力して改善してくれるものです。将来の増改築を考えれば、設計事務所に依頼し、木造で建てるのがベストと言えます。

設備

照明は蛍光灯だけにするな

別項で、入り口と待合室には「気を遣うべし」と書きました。それ以外に、設備面では何に気を遣う必要があるでしょうか。

それは、照明です。たびたび書いたように、患者さんに医院を選んでいただくきっかけは雰囲気ですが、その一翼を担うのがまさに照明だからです。照明は、たんに明るくするだけが役割ではありません。照明はそれぞれ固有の色をもち、蛍光灯には蛍光灯の色、白熱電球やＬＥＤなどにもそれぞれ独特な色や雰囲気があるのです。

一方、照明の方法としては、直接照明以外に間接照明があります。

間接照明は、枠をつくる必要があるため工事費は一般に高くつきますが、光が直接目に入らないぶん、やさしい雰囲気をかもしだせます。住宅照明に使われる際は、ある程度のグレード以上の建物に使用され、おしゃれで高級感が出せるのもいいところです。

この間接照明、じつは待合室にもってこいなのです。歯科医院の場合、待合室は外からのぞけることが大切で、そこに漂う高級感がどうしても必要。それを、この間接照明は感じさせられるからです。そこでまず、外から見えるところに間接照明を設置し、これには蛍光灯を用います。

その上で、ダウンライトという100ワット程度の白熱電球を天井に配します。最近は、LEDも十分な明るさと温かさがあり、電気代も節約できますが、私どもでは白熱電球のほうが光がやわらかく雰囲気が出るということで、現状ではこちらを使っています。このように、蛍光灯と白熱電球の色を上手に混ぜるのです。

では、診療室内の照明はどうしたらいいでしょうか？

こちらは、直接照明を主体にしたほうが作業がしやすく、できれば明るいほうがいいでしょう。ただ、ここでも蛍光灯色だけではどうしても寒々しい雰囲気になってしまいます。寒々しいというのは、患者さんにとっては痛そうな感じにもつながりますので、やはり白熱電球のような暖色の照明光を混ぜる必要があります。さらに、蛍光灯を設置するときには照明器具の位置にも注意が必要です。ユニットを倒した時に真上に明るい蛍光灯があると、患者さんからすればかなり眩しいので、やや足元に移動しましょう。

医院を新築する場合は、建物の設計とは別に、照明デザイナーのような専門的な知識をもった方にも見てもらうのもよいと思います。それほど照明は大事だからです。そしてまた、照明は一度設置してしまうと、簡単には位置を変えることができません。

設備

院長室はムダ

もしかして「開業したら、絶対に院長室をつくる！」と、思っていませんか？

私は開業以来30数年になりますが、そのうち院長室があったのは3年間、それも小机歯科医院を移転した当初のみです。部屋が余っていたため、便宜的に院長室になっただけで、現在では託児室にしています。当然、今も法人傘下の医院に院長室はありません。

大病院の理事長（院長）の場合、多くは診療をせずに経営に専念しています。でも、歯科医院の場合は、ひとりの歯科医師が院長も兼務している場合がほとんどでしょう。

そうした場合、果たして院長室など必要でしょうか？　ひとり院長の場合、本人が診療をしなければ、売上はほぼゼロになってしまうはず。つまり四六時中、院長が院長室にいるような歯科医院は、経営がまるでうまくいっていないことになります。

とは言っても、院長とて昼休みなどは院長室でゆっくりしたい……そんな声も聞こえてきそうですが、私はそうは思いません。昼休みは、できればスタッフと一緒にご飯を食べてみてください。現場の雰囲気が、非常によくわかります。

もし、ちょっとだけ昼寝をしたいというような時があっても、ユニットで仮眠すればOK。書類等を保管する場所が必要という可能性もあるかもしれませんが、それも自宅で十分ではないでしょうか。どうしても診療に必要な書類があれば、スマートフォンやタブレットのカメラで写しておくか、スキャンしてクラウドに上げておけば場所は取りません。

そもそも、院内のスペースには多大な賃貸料、そして建設費がかかっていることを忘れてはいけません。その分を回収する場合、院長室は文字通り1銭も稼げないのです。院長室をつくるスペースがあれば、むしろ将来的にユニットを入れられるスペースとして配線・配管をしておく必要があります。そのうえで当面使わないなら、IKEAやニトリで簡単なパーテションをあつらえ、置いておけばよいと思います。

歯科医院の売り上げは、ある程度の数の患者さんが確保できれば、ユニット数にほぼ比例するもの。しかし、多くの場合、努力によって患者さんが増えてきても、スペースが増やせないという壁にぶつかります。そんな場合、近くに都合よく賃貸物件や土地があればいいのですが、実際はそんなに甘くありません。私自身、移転を考えてから20年間も「これは」という物件が出ませんでした。

そう考えれば、院長室以外にも、ある程度のスペースがあったほうが後のち、有利になるのは間違いありません。勝ち組歯科医院になるには、スペースの確保は必須だと思います。

法人と個人事業それぞれの歯科院長、実態はどちらが有利？

医療法人の場合と個人事業、各歯科診療所の院長の年収の比較を見ると、その数字に大きな違いはないことがわかる。ただし、法人の場合は「給与」、個人の場合は「損益差額」であり、経営に関する“財布”が別扱いの前者のほうが、後者より実収入は大きいと予想ができる。

【歯科診療所の院長の年収（税込）】

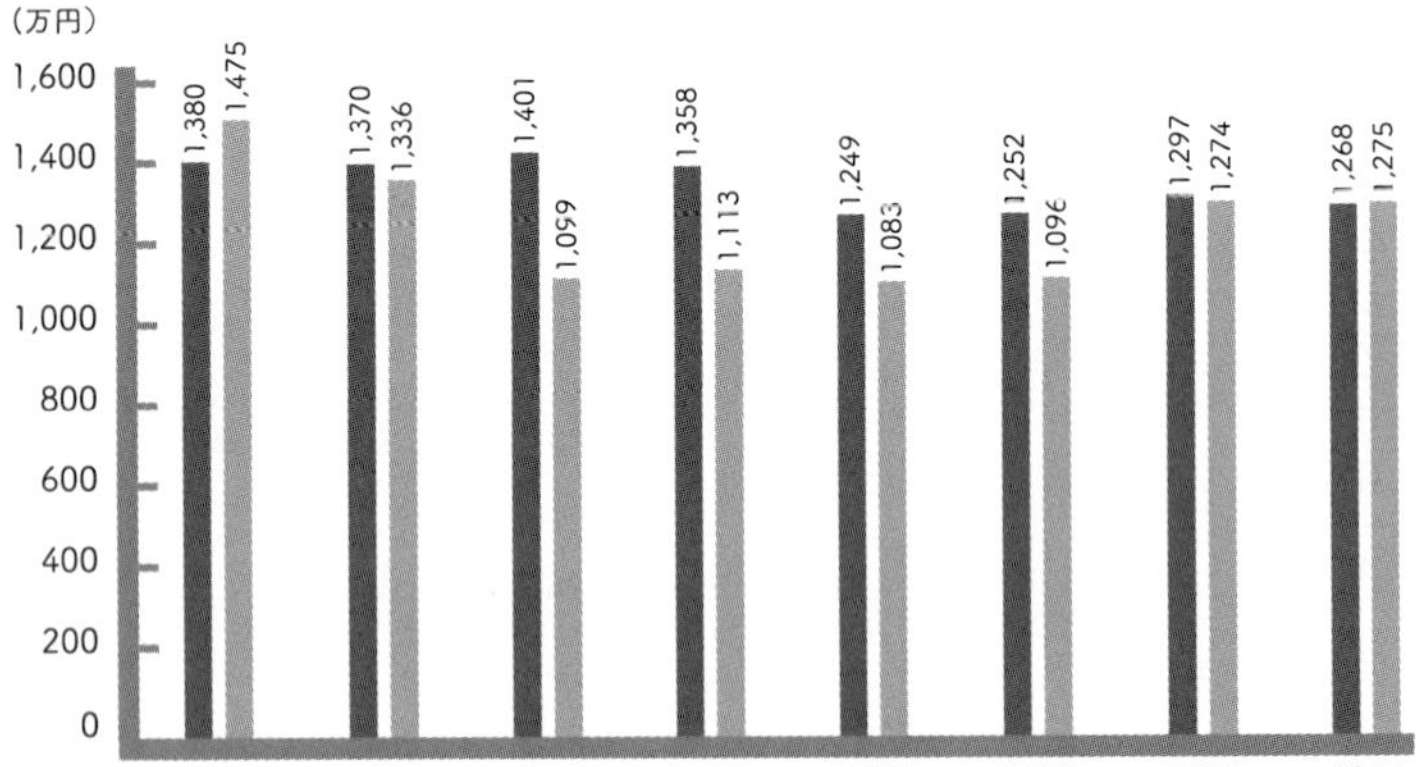

（資料『2015年版　歯科口腔保健・医療の基本情報「現在を読む」』日本歯科総合研究機構編）

保険

〜選ばれる歯科医院のつくり方〜

医科点数の項目を注視せよ

保険診療の診療報酬点数表には、医科点数表と歯科点数表、そして調剤の点数表があることは、皆さまご存じだと思います。でも、それらの点数にすべてコード番号がついていることはあまり知られていないのではないでしょうか。

このコード、一般的には医科と歯科は別のコードがついています。意外に思われるかもしれませんが、医科点数表にも抜歯の点数があります。医科での埋伏歯の抜歯はK-404-4、一方、歯科ではJ-000-4となっています。これらはコードこそ違いますが、点数は医科歯科とも同じ。しかし、歯科点数を準用しているのでやはり低めなのです。

医科と歯科でまったく同じコードもあります。診療情報提供料はB-009で250点と医科歯科共通。もうひとつ、処方箋料もF-400の68点で医科歯科共通です。

歯科医師がよく言う言葉に「下顎の埋伏歯を1時間かけて抜いて、リスクもしょって1050点。それが、診療情報提供書を書けば5分で250点。ばかばかしくて抜く気も起こらん」というのがあります。これは、歯科点数表と医科点数表の格差が如実に出ているからです。つまり、医科点数表のほうがやはり高いと言わざるを得ないのです。

しかし物は考えようで、こうした点を利用すればいいとも言えます。内科の疾患を抱えている人の場合なら、内科医に診療情報提供を求めればいいのです。そのほうが安全ですし、こちらの点数も算定することができます。ちなみに医科の診療所から歯科に照会した場合は、２５０点に歯科医療機関連携加算として１００点を所定点数に加算できるボーナスがあります。

それでは、これ以外にも医科点数を準用できる項目はあるでしょうか？　じつは、外科処置にあります。めったにはありませんが、頬粘膜腫瘍摘出術です。この手術は医科のコードがK-111、歯科のコードがJ-034。点数は同じ４４６０点です。

また、同じような部位である舌腫瘍摘出術は医科のコードがK-413-2、歯科のコードがJ017-2です。そして点数は、ともに２９４０点になります。この場合、どちらの腫瘍摘出が大変か？　大きさにもよるでしょうが、動く舌のほうが格段にやりにくいはずです。にもかかわらず、後者のほうが１５００点程度低いという差がある。それは、頬粘膜は医科から発生した点数、舌は歯科から発生した点数と理解すれば、合点がいくと思います。

医科歯科共通点数か、歯科にあっても医科から発生した点数は相対的に高い傾向があることを、くれぐれもお忘れなく。

保険

施設基準は、取れるものは取れ

施設基準——この言葉がクローズアップされたのは、ごく最近の2016年の改正からです。医科では、たとえば看護師が何人いなければ点数算定ができないなど、以前からあったようですが、同年の点数改正で歯科での適用にも大きく舵を切ることになりました。

そもそも施設基準とは何か？　おおまかに言うと、歯科医院に限れば、人的、設備的、加えて過去の算定事項が、厚生労働省の定める基準に達した場合、申請のうえで認められる基準なのです。その基準によって何が違うのでしょうか？　具体的には、施設基準を申請し、受諾されていない施設に対しては、算定できない健康保険の項目が多くなり、点数的にも大きな格差となったのです。

その最たるものが、歯科疾患管理料（歯管）の加算のエナメル質初期齲蝕管理です。これが創設された過程は知りませんが、医科でも調剤でも「かかりつけ」の文言が出てきます。しかし、歯科にはない。これを推測するに、施設基準という障壁を設け、その下に無理やりにエナメル質初期齲蝕管理加算としてつくったような気がします。そして、この加算はと言うと、なんと260点という歯科ではとんでもない点数なのです。

保険点数を論議する場合、それを行う場合の所要時間、リスク、材料負担、それらを勘案して考えなければなりません。たとえば根管治療などは、高いファイルを使い、長い時間をかけ、さらにファイルが折れるリスクと闘いながら行わなければなりません。

では、このエナメル質初期齲蝕の加算はどうでしょうか？　フッ素塗布と指導、そして該当部位の写真撮影が義務づけられているにすぎません。どう考えても、根管治療よりも楽で、高点数なのです。しかも、このエナメル質初期齲蝕管理加算の財源はどこから出たかと考えるに、他の点数を削った分に他ならない。つまり、このエナメル質初期齲蝕管理加算が算定できる「かかりつけ歯科医機能強化型歯科診療所（か強診）」の施設基準を満たせない医療機関が取っている、通常の点数を減じた部分なのです。

ただ、歯科医師のほうも、（か強診）の施設基準に対して敏感ではない人が多いのです。この資格認定基準で問題になったのは、訪問診療を行ったか否かという条項でした。そうであれば、経営に敏感な歯科医師なら、できる範囲ででも訪問診療を実施し、その基準をクリアすべきです。それを、最初から認定資格は得られないものと諦めてしまっては、どうにもならないでしょう。

保険

目先の点数に惑わされるな

歯科診療で、根管治療の点数があまりにも低いのは、周知の事実です。それでは比較的高いのは、何でしょうか？　ずばり、補綴の点数です。根管治療で苦労しても30分で450円。それよりも、クラウンをパーッと形成して、セットで治療費3000円ちょっとの額をもらったほうがよさそうに考えがちです。

でも、ここでもう少し深く考えてみましょう。大臼歯のクラウンは2017年6月現在、再診料や補綴物維持管理料、セメント料を入れて9640円となっています。それなりと思う歯科医師もいらっしゃるかもしれませんが、原材料費を考えてください。技工料は2500円程度、そして問題は金属代です。現在、金銀パラジウム合金の価格は1グラムでなんと1200円を超えてしまっています。大臼歯のクラウンをつくるには2グラムは必要で、へたをすると3グラムです。2グラムとしても2400円、技工料やら消費税を足すと、5292円もの原価になってしまいます。

単純に9640円いただくとして、原価が5292円とすると差額は4348円。原価率は約56％にもなってしまいます。医院経営にはテナント料や人件費、税金、水道光熱費等の莫大な管理費がかかります。この健康保険のクラウンをセットした時の差額4348円で、はたして利益は出るでしょうか？　断言しますが、赤字は疑いようがありません。

上げた点数による歩合で給料をもらうことの多い勤務医の場合、このような数字はほとんど考えていないはず。自分で開業したのちも勤務医と同じこの補綴依存を行ってしまうと、技工料と材料費の支払いに追われ、手元に利益が残らない自転車操業に陥るのです。

では、どうするかと言えば、目先の点数に惑わされないことです。そして、すべての診療行為を原価率で考えるのです。歯科の原価率とは、おおよそ材料費と技工料の合計です。たとえば、衛生士のＳＰＴ（歯周安定期治療）はどうでしょうか？　技工料はかかりますか？　歯科材料はかかりますか？　かかると言っても、スケーリングクリーム代程度でしょう。つまり、原価率は非常に低いのです。歯科医師が補綴で得る点数と、衛生士がＳＰＴ等で得られる点数が同程度の場合、医院に残るお金が多いのが後者であることは、火を見るより明らかです。

ただし、補綴はやらないわけにはいきません。対策としては、同等に原価率の高いインレーをレジンに切り替えること。そしてクラウンは、外注しないでできるセレックシステムのような自由診療に成り得る設備に投資をして、なるべくやらない努力をするのです。

保険

「青本」のすみずみまで読め

いわゆる「青本」、『歯科点数表の解釈』はかつて表紙が青かったことから、こう呼ばれたそうですが、現在は緑と白の表紙で発行されています。新規指導や個別指導の際、地方厚生局の担当者は同書をめくって内容を細かくチェックしているところから、保険診療に関するバイブル的存在です。要は指導に当たって、この本の記述内容が最優先されるようなのですが、読んでいる歯科医師は多くないように思います。が、実際に読んでみると、意外に面白いのです。現在は、青本そのものを読まなくても、その記載内容がほぼインターネット上に公開されています。その名は「しろぼんねっと」。診療報酬の点数やその扱いや通知についても書かれており、これを見ればよいのです。

一例をご紹介しましょう。スケーリングの扱いについてです。歯科医師や衛生士にスケーリングとは何かと聞くと、必ずと言っていいほど「歯石を除去すること」という回答が返ってきます。しかし、青本には「スケーリングとは、歯面に付着しているプラーク、歯石、その他の沈着物をスケーラー等で機械的に除去することをいう。」とあります。

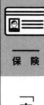

ここで注目すべきは、「歯石を除去せよ」とは書いていない点。プラークでもいいのです。しかも、「スケーラーを使え」とは書いておらず、「スケーラー等で機械的に」とあることから、探針で機械的にプラークを除去しても、スケーリングの点数と算定して問題ないことになります。この箇所は以前、このような記述ではなく「歯石をスケーラーで取れ」とはっきり書いてあったのですが、いつの間にか記載が変わったのは、実態に即した改定がなされたのでしょう。それを知らない歯科医師が多すぎるのが残念です。

もうひとつ、昔の単治、現在の齲蝕処置が青本にどう記載されているかと言うと、「齲蝕歯に行った軟化象牙質の除去又は暫間充填」となっています。ここで注目すべきは、「軟化象牙質の除去をして暫間充填をしろ」とは書いていない点。しかも軟化象牙質をどれだけ取れとも書いてありません。つまり、エキスカでも使って齲窩の軟化象牙質を少し除去しても、この点数の算定は可能になる。ご存じのように生活歯の形成の同時算定はできませんので、その前に少し軟化象牙質を取っておけば算定していいわけです。

細かな文言以前に、算定項目そのものを知らない歯科医師が少なくありません。たとえば歯科診療特別対応加算や初診時歯科診療導入加算を、小児歯科で算定することは可能なのです。保険診療は青本のすみずみまで読んで研究する――これは非常に大事なことです。

勤めるのなら一般病院が有利、厳しい勤務医の収入事情

勤務歯科医の年収推移を見ると、歯科診療所よりも一般病院勤務、診療所では総じて法人のほうが有利だとわかる。近年の歯科医師資格取得者の減少で勤務医の給与は上昇傾向にあるとされるが、診療所に関しては経営状態のバラツキも多く、そこでの伸び悩みが平均値を下げているのかもしれない。

【勤務歯科医師の年収（税込）】

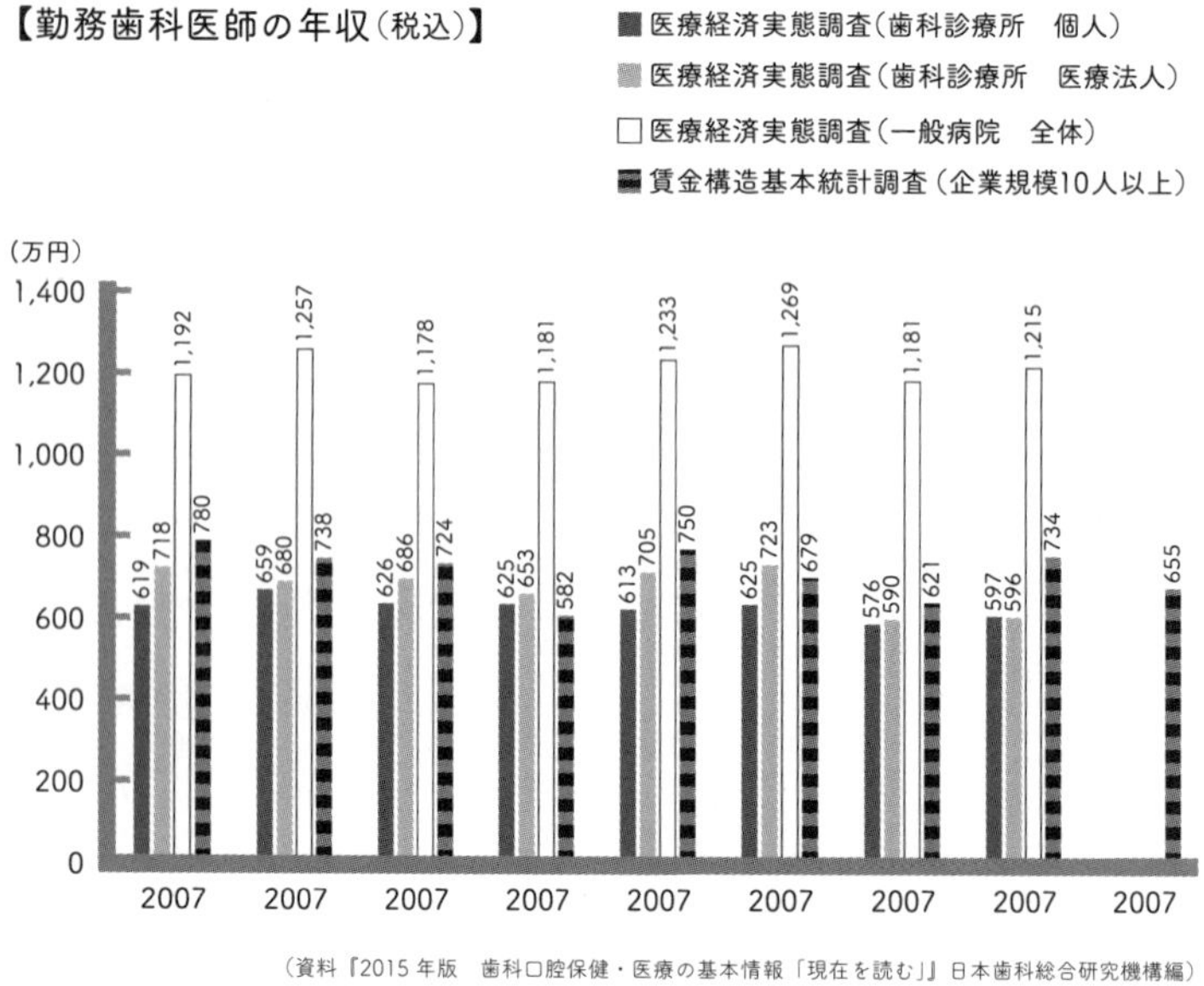

（資料『2015年版　歯科口腔保健・医療の基本情報「現在を読む」』日本歯科総合研究機構編）

臨床

〜選ばれる歯科医院のつくり方〜

臨床

インレーはやるな

日本の歯科医師はインレーが大好きだと思います。分業化ができるからです。形成は歯科医師。印象と仮封は衛生士。技工は外注の技工士。それで大臼歯のインレー（複雑）を装着して、再診料等は含めず7680円（2017年時点）。一見、赤字にならないようですが、よく考えてみてください。最悪なのは、大臼歯のMODインレーの2次カリエスです。それをはずして再形成をして再度、MODのインレーにやり直す場合です。

はずすのも危険がいっぱいで、大変なのにタダ。さらに時間をかけてきれいに形成をしても1200円。印象バイトも780円。しかも、技工指示書の作成や技工物のデリバリー手配、装着前日の準備など、その間の助手の細かな作業や、必要に応じた術中の麻酔、歯科医師による隣接面や咬合面の調整とセメント装着と衛生士によるサポート、あげくに技工指示書をファイリングしたうえで2年間の保存が義務付けられる……とこれ全部で7680円です。再診料の45点の2回分を入れても、技工料と金属代、人件費を引けば完全に赤字でしょう。そのインレーが不適合で再製になった場合など、目も当てられません。

当会の歯科医院では、あまりインレーはやりません。右のように赤字であるという認識もありますが、1ドクター1ユニットという診療スタイルが他とは違っているからです。このスタイルですと、マイクロスコープの導入により精密にレジン充填ができます。長年歯科医師をやっている経験から言わせていただくと、インレーは材質も昔と同じ金銀パラジウム合金（金パラ）ですが、レジンは30年前の物性とは大きく違い、進歩しています。

30年前のレジン充填は、研磨しているうちにはずれてしまったり、フロアブルレジンがなかったためコントラクションギャップにより術後に咬合痛が多発したり、光重合器のパワー不足で未重合部が多くすぐにはずれたり、と種々の問題がありました。しかし現在は、セラミックには負けるものの、インレーに取って代われる物性となっています。

私たち歯科医師は、銀色の金属に慣れきっていないでしょうか？ 患者さんにすれば、なぜ銀歯なのだろうと思うはずです。しかも、レジン充填は再製はありません。1回で終了し、技工物を探し回ることもありません。技工指示書を保存する義務もなく、1回当たりのレジンの材料代と金パラの材料代は比べものにならないでしょう。

1ドクター1ユニット、マイクロスコープ、レジン充填。他のユニットは衛生士がメインテナンス。これにより経営は改善し、設備の更新や、スタッフの待遇改善ができるのです。保険のインレーやクラウンばかりやっていては、スタッフは浮かばれません。

臨床

ブリッジはするな

クラウンとブリッジ。歯を削って、被せてしまうから混同されている方もいると思いますが、両者は似て非なるものです。歯は動くものであり、ブリッジの場合は、それを無理やり金属やセラミックで固定してしまうので、数年するとなんらかの問題が出てきます。

2級咬合（下顎遠心咬合）や3級咬合（下顎近心咬合）の場合、臼歯部のブリッジであっても犬歯ガイドが取れないケースは最悪です。側方運動時にブリッジ自体を横から揺さぶるために、すぐにはずれたりするトラブルが非常に起きやすくなります。

1級咬合の場合でも、犬歯を含んだ前歯のブリッジの場合、当然、犬歯の尖頭は欠けやすいですし、10年ほど経つと、修復物との間にカリエスができたり、全体に動揺をきたしたりするようです。あげくの果てには、ブリッジをした箇所がいっせいにダメになり、入れ歯や本数の多いインプラントになってしまう場合も少なくありません。

また、ジルコニアでブリッジをつくった場合も最悪です。ご存じでない歯科医の皆さまもいらっしゃるようですが、ジルコニアはどんなセメントでもよいとされています。逆に言えば、ジルコニアはセメントが接着しないのです。金属も接着性は悪いですが、嵌合を使い、ぴったりと歯にセットすることができます。しかし、ジルコニアはCAD／CAMでつくる関係上、調整はできる反面、かなりゴソゴソにできてしまうため、はずれてしまうのです。それも、ブリッジの片方がはずれたりすると、そのなかでカリエスになってしまったりする。そうなると、もはや壊してやり直すしかありません。

ジルコニアに関しては新しい材料ですので、これからどんどん改良もされると思いますが、現在のところ、白っぽいこと、強度があること、光を透過しにくいことが、素材の特徴となっています。よって、前歯の単冠以外は使わないほうがよい材料と言えるでしょう。

30年前なら、中間歯欠損には確かにブリッジが最良の選択でした。しかし、現在ではインプラントがあります。しかも単独で植立できます。よって私は、インプラントにより欠損を回復することにしています。インプラントも当然、100％の治療法ではありませんが、いざという時にはやり直しが可能です。これに対し、ブリッジの場合は支台歯がダメになったら、いっぺんに3本の欠損ができてしまいます。そうなってからでも、インプラントの選択肢はありますが、できれば患者さんご自身の歯を残したいものです。

経営上も、治療した箇所をやり直す事態は、生産性を著しく下げることを肝に銘じておく必要があります。ブリッジによる治療は過去のもの――これからはそう考えましょう。

臨床

エンドは手を抜くな、エンドに自信をもてるか！

抜歯は医師にもできますが、エンドは歯科医師にしかできません。ただ、日本の歯科診療の保険報酬点数は以前から驚くほどに低いのです。大臼歯を抜髄して、3回かけてしっかり根管形成を行って根充したとしても1万360円です（2017年現在）。4回分の時間は、当会の歯科医院で行っている方法でもトータル3時間はかかると思います。すると1時間当たり3000円強で、人件費や設備代、テナント料を考えれば、確実に赤字。よって、エンドはなるべく避けるに限るのです。とはいえ、痛いと言って来院された患者さんの処置をしないということではありません。痛みなどない場合も、削っているうちに深いカリエスがあると思いますが、極力抜髄をしないことです。3ミックスでも、ドックベストセメントでもいいでしょう。そのほうが、患者さんや歯にもいいに決まっています。

感染根管に関しては根尖病変の有無にかかわらず、その治療をしてからずっと無症状だったのが急に痛くなる場合、多少とも歯根破折がからんでいることが多く、当然、治療しても治りません。患者さんには、そのことをよく説明して経過観察することに限るのです。

そもそも、日本におけるエンドの教育は完全に間違っていると認識するべきです。日本では、根充の条件として、自発痛の消失や、打診痛の消失、根管からの浸出液がないなどと学校で習ったと思います。私自身も卒業後、10年ほどはその条件で診療をしてきました。結果はどうかと言うと、終わらぬエンドです。打診痛がいつまでも続き、延々と綿栓の交換。おたがい嫌になって、そーっと根充。術後も打診痛が続いて再度根治。そんな繰り返しが続いて、最後は患者さんもフェードアウトしてしまう。これではいけないと思い、いろいろなセミナーに通って、エンドのやり方を根本的に変更しました。大きくは根管形成の方法を変更し、根充もバーティカルに変更しました。以後、二十数年を経ています。

その過程で気がついたのは、根充の条件が誤っていること。そして、ラテラル根充では治らないことです。現在では、打診痛などは根充の際にはほぼ気にしません。なぜなら、しっかりと根充をすれば1週間後には、それらは消失するとわかっているからです。

この方法ですと、どうしても時間がかかりますが、予後は抜群によく、当会でも術後に根尖病変が生じたような症例はありません。エンドの予後がいいと、当然ながら患者さんに自信をもって自由診療の冠をお勧めできます。当会の場合はセレックやイーマックスで、これを選択していただけると赤字の穴埋めはほぼできるのです。エンドに自信がないと、自分から保険の冠でいいと言いがちですが、それでは生き残っていけません。

臨床

カルテはしっかり書け

お手元のカルテ、保険略号が書き込まれているだけになっていませんか？　カルテは医療を行ううえの備忘録であり、保険診療をして診療報酬をいただくために書くのではありません。若い先生方はＳＯＡＰ方式の記載法で教育されたはずですが、研修医や勤務を始めたらカルテなど書くひまもなく、いつの間にか保険略号だけになってしまう。すると、書いた本人が何年前かのカルテを見ても、さっぱりわからないということになります。

そこで原点に帰って、カルテにはその状況を事細かに書くことをお勧めします。症状や診断や方針をしっかりと書いておくと、何年かして同じ部位の歯に異常が生じた場合に、そのカルテの書き込みによって診療がスムーズに進むことが多いのです。

私は、深いカリエスがあった場合には「マイクロの画像により深いカリエスを患者さん自身に確認してもらい、将来的には根管治療の必要を認める可能性があることを説明し、患者さん同意」などと記載しておきます。そして、不幸にして根管治療となる症状が出た際は、そのカルテを実際に患者さんにお見せしています。

そもそも、カルテとは誰のためのものでしょう？　ひと昔前は医療者のためだけのものでした。しかし現在では、患者さんにも見る権利がある医療の記録ととらえられています。よって、カルテの開示請求があった場合、原則拒否はできません。だからこそ、そんな時に患者さんが見ても、納得していただける内容で書いておく必要があるのです。

また、勤務医が多くなってくると、基本的には担当医が診るにしても、急患で来院された場合など、そうはいかない場合もあるでしょう。そんな時に、カルテの記載が一番重要なのです。もしも、しっかり記載されていない場合は、ピントはずれなことを言う可能性があり、歯科医院としての信頼を失いかねません。

あと、カルテをしっかり書くうえで忘れてはならないポイント。それは、混合診療を疑われかねないことや、予防を目的にした来院の勧めは記載してはいけないという点です。たとえば「フラップオペの際にエムドゲインを使用」とか、「4カ月後にリコール、検診、メインテナンス」というような文言は避ける必要があります。そのようなことを書きたい場合は、カルテとは別にパーソナルシートのようなものをつくり、そこに記載してください。最近のレセコンの多くにそうした機能があるはずですので、利用するといいでしょう。

仮に、厚生局から個別指導の通知を受けても、患者さんから訴えられても、カルテの記載さえしっかりしていれば、ことさらに怯える必要はありません。

臨床

セレックはぜひとも入れろ

メインテナンスにいらした患者さんの口腔内に、保険で処置されたちょっとした不適合のクラウンが入っていたりしませんか？　でも、これを除去バーで削ってはずして、再製するとどうでしょう？　心理的にはおそらくやりたくないでしょうが、実際に計算してみると、この除去というプロセスが入っただけで大きく赤字になるのです。それでも、あまりにカリエスが大きかったりした場合、やり直さざるを得ないでしょう。

こんな場合に、もし自由診療にできたらどうでしょうか？　セレックがあれば、かなりの確率で自由診療になるのです。それなら、不適合補綴物についてもやり直しを勧めやすくなります。当会ではセレックを入れて2年が経ち、現在はすべての院に導入しています。

この間、1200歯の症例に対して治療を行った実感としては、これまではゴールド第一と思っていたのが、セラミックが第一だと思うようになりました。なぜなら、後者は歯と一体化するからです。事実、セレックは正しいセメントさえ選べば、歯とくっつきます。

たとえば、下顎の7番で歯の高さがない症例があるとします。メタルだとペラペラな状態です。ほぼ接着できないと思うので、やむを得ず抜髄をしてアンカーになるようなポストクラウンにするしかないでしょう。しかし、セレックならこのような症例に対しても、厚みさえ確保できれば、真っ平らでも治療ができるようになりました。

おそらく国としては、金パラの取り扱いはやめたいと考えていると思います。金パラは2017年時点で、保険診療の基準価格として1グラム1279円。クラウンをつくるとなると、2グラム程度は必要です。これの7割を国や保険者が負担しなければなりません。

しかも金等の金属の価格は、年々上昇しています。それに反し、CAD／CAMのブロックは3000円程度ですが、価格は安定。現在はコンポジットレジンのブロックだけに保険が適用されていますが、いずれはセラミックが保険適用になってくると予想できます。

セレックでなくても、CAD／CAMのシステムはこれからどんどん出てくるでしょう。つまり、歯科の現場はセラミック化されていくはずです。セラミックは形成の概念もまったく違い、メタルの知識の応用ではダメ。そして、パソコンソフトの扱いもできないような歯科医師は、今後間違いなく淘汰されるはずです。

セレックシステムは現在1000万円は超えますが、白物（セラミック類）に関する技工料はほぼなくなりますので、導入すると原価率を大幅に下げられます。資金的な余裕があれば、一刻も早く入れたほうがいいと思います。

臨床

ブラッシング指導は徹底的にやれ

ブラッシング指導はペリオの基本。そんなことはわかっていると思います。ただ、実際にしっかり実行できているでしょうか？　たんなる保険点数稼ぎになってはいませんか？　歯周組織検査も真剣にやっていますか？　ＢＯＰ（出血点）について関心をもっていますか？　そのＢＯＰを解消するようなブラッシング指導をしていますか？

歯肉縁上のコントロールを徹底的に行い、アジスロマイシン（ジスロマック）あたりを服用してもらえば、ＳＲＰや外科的治療を行わなくても歯周組織はかなり改善します。この縁上のコントロールこそ、ブラッシング指導の眼目。患者さんにすれば、今さら歯ブラシの練習などと思っているはずで、そこに衛生士の出番があるのです。彼女達は、このブラッシング指導はかなり教育されてきています。

問題はむしろ、その衛生士を医師がしっかり指導できているかどうか。つまり、ブラッシング指導による縁上コントロールの重要性の理解にあるのです。他の歯科医院から転院されてきた患者さんの口腔内を見ると、「先日、口のなかのクリーニングをしました」と言う患者さんでも、縁上のコントロールがまったくできていないケースが多いのに日常的に驚かされます。

私は、歯周治療というのは、患者さん自身が縁上のコントロールの重要性を認識して、それを実行できるようにすることだと理解しています。しかし、日本の多くの歯科医院で行われているのは、衛生士による定期的なスケーリングだけだと思われます。要は、患者さん自身の参加意識が乏しく、患者さんは歯石さえ取ってもらえばそれでよしと理解し、歯科医院の側も保険点数稼ぎのような状態になっているのではないでしょうか。

これでは、歯周病の進行がストップするわけはありません。当会で、歯周安定期治療を受けていただくうえで一番重視しているのは、本人が縁上のコントロールをどのように理解し、実行していけるスキルを体得しているかで、それを衛生士が診ていきます。こうした考え方で指導を行っていると、患者さんの口のなかはほぼピカピカ。歯周安定期治療といえど、診療に30分はかからなくなります。

よく、歯周安定期治療に1時間取っていると聞きますが、何でそんなに時間がかかるのでしょうか？　それは縁上のコントロールを患者さん自身に教えていないため、口のなかが汚いからだと思います。縁上のコントロール＝ブラッシング指導の徹底＝患者さんの健康状態の改善＝経営安定ということを、スタッフ全員がしっかりと認識しておくべきです。

臨床

マイクロは必須だ

当会がマイクロスコープを導入したのは2007年。現在では、4医院で合計21台（うちツァイスが19台）使っています。導入のきっかけは、製品説明を受けたマイクロをのぞいた時、あまりにも歯が大きくきれいに見えるのに感動したからです。

10年間使ってきて、今やこれがないと診療はできません。衛生士を含めたスタッフも全員そう言っています。なぜなら、マイクロをのぞき続けていると、脳内で見えている歯は豆粒ではなく、とても大きいのです。それだけに肉眼ではあまりに小さく見え、脳内の映像とのギャップを感じてしまった結果、次々に導入しなければならなくなったのです。

治療でのマイクロの優位性はふたつあります。まずは、精密に見えるので、インレーのような不採算な治療をしなくてすむようになった点です。次のメリットは動画が容易に記録でき、それを使って患者さんに説明ができることです。ただし、マイクロメーカー推奨の方法ですと、設備がかなり高くつく場合があります。そうではなく、ビデオはソニーのハンディカム、出力はＩＯデータの映像をキャプチャする装置で（5000円ほど）行うのです。ハンディカムから出力された映像は映像キャプチャ装置を経由し、パソコン付属のソフトを介して録画されます。この映像をモニタに映して診療後に患者さんに見せて説明するのです。

特に効果てきめんなのは歯根破折です。手鏡では、よほど大きく破折していなければ見せることはできません。それが、マイクロを通しての動画の場合は画質もよく、拡大された映像で見せることができます。前歯のポストクラウンなどは、脱離してきた場合、根が折れていることがよくありますが、破折部位にピンセットの先を突っ込み、折れている歯根の動きを動画で見てもらうと、容易に抜歯に同意していただけます。

ただ、マイクロにも種類があります。当会のマイクロの約9割がドイツのツァイス社製です。なぜ同社製を選ぶかと言うと、モラー機能がついているからです。モラー機能とは、鏡筒をどの方向に振ろうとも接眼部が水平を保つという機能です。モラーなどという名前から、臼歯部を見る機能と思いきや、開発した人の名前なのだとか。これがあれば、無理に首を傾ける必要がなくなり、首に対する力のかかり方がまるで違います。

私は、マイクロを入れるまでは首が痛くて仕方なかったのが、導入後は大幅に軽減されました。歯科医師は長年にわたって首を曲げ続けますので、脊椎のなかで神経を圧迫して手の麻痺を起こす方も多いのです。そんな健康面からもよい装置です。

臨床

電動麻酔器を使え

患者さんが歯科医院、または歯科医師を評価する基準は何でしょう？　近くて便利という要素を除くと、次にあがるのは設備やスタッフの雰囲気ではないでしょうか。医療の専門的なことは患者さんにはほぼおわかりにならないものの、次の3つの点だけは注意する必要があります。すなわち、①痛くないこと、②すぐにはずれないこと、③物が挟まったり、噛めなかったりしないこと――これ以外の、たとえば根充がうまく長持ちしそうだなどという点は、患者さんはまず評価ができません。とりわけ、①の痛くないことというのは重要で、そういう恐怖心を少しでも減らすことが、将来的な患者増につながります。

そもそも、痛みが発生する（と患者さんが想像する）のは、どういう場合かを考えてみましょう。当然、生活歯を削れば痛いわけですが、それを防止するために麻酔をする、その麻酔が痛い。これが、致命的なマイナスポイントになります。

なら、無痛で麻酔をすることは可能なのでしょうか？　表面麻酔という手がありますが、当会ではこれを使用していません。よそでアナフィラキシーショックの重篤な患者さんが出たという話しを聞いているからです。それに、表面麻酔をしなくても無痛の麻酔は可能なのです。それは、電動麻酔器を使う方法です。麻酔時に痛いと感じさせる要素には、どこに最初の針を刺すか、その針の深度、そして粘膜のテンション、薬液の注入速度などが関係していると思います。それらのうち、薬液の注入速度を遅くする（痛みを減らす）には電動麻酔器を使うしか方法はないのです。それも、トリガーを引くような麻酔器ではダメで、タッチセンサのものを使う必要があります。トリガータイプの麻酔器は、トリガーを引く段階で微妙に動くため、それが痛みの原因になるからです。無痛麻酔は、この電動麻酔器を使い、角化歯肉を避け、太鼓の皮のように張った粘膜に向けて針先をマイクロで見ながら、針先が入った段階でタッチセンサで薬液注入。その後はオートモードで5秒間ほど注入し、30秒くらい放置してから麻酔を足せば、痛みは全然感じないでしょう。

電動麻酔器のメリットは、ほかにもあります。麻酔が効きにくい場合、強圧で麻酔薬を骨膜下に送り込む必要がありますが、これを手動式の注射器で行うとなると、経験がものを言います。しかし、この電動麻酔器ならタッチセンサですので、経験の浅い歯科医師でも均一に麻酔ができるのです。

当会では、手動の注射器は電動麻酔器以外使っていません。安くはありませんが、痛い経験のせいで患者さんが来なくなるリスクを考えると、十分採算が取れると考えています。

臨床

はずれるのは仮歯でもマイナスと思え

歯科医師は、金属等の充填物ははずれるものだと思っていませんか？　それもそのはず、健康保険には、ちゃんと脱離、再装着の点数があるからです。ただ、患者さんにしてみればどうでしょう。食事をしていると何かご飯のなかに硬い物があり、ガリッ！　あわてて何だろうと見て、歯の詰め物と気づく。あー面倒くさい、歯医者に行かないと……。

それが数年経ってならまだしも、1週間前に装着したインレーだったりしたら？　朝、医院へ出勤してみると受付で「この間、治療してもらった金属の詰め物がもうはずれたわよ！」と大声が。見てみたら、なんだ、俺が装着したインレーの隣じゃないか。そんな事、ありませんか？　また、テックがはずれても大声で「はずれた！」と言ってくる患者さんがおられます。そんな時は、エアをかければ「しみる！」と言われるので、麻酔をして再装着。診療報酬は知覚過敏処置で、かろうじて算定はできるものの、怒っている患者さんには請求しづらいので、タダ。歯科医師はストレスがたまる一方です。

このように、はずれるのは仮歯でも大きなマイナス。でも、はずれない治療なんてあるのでしょうか？　正解は、金属の修復をやめること。そして、即日終了する診療に切り替えるのです。「インレーはやるな」の項に書いた通り、インレーはそれ自体大赤字。あげく、はずれて医院の信用を落とす。これをレジン充塡に切り替えるのです。そのためにもシステムの変更と、できればマイクロスコープなどの設備投資をするべきです。

では、クラウンはどうするべきしょう？　若い先生方は、セレックに代表されるＣＡＤ／ＣＡＭシステムをご存じだと思います。このＣＡＤ／ＣＡＭを使えば、クラウンがほぼ即日で終了してしまうのです。特にセレックでは、クラウンを削るのに10分程度しかかかりません。形成の時間や設計を含めても、大臼歯ならば1時間半で終了してしまいます。つまり、麻酔が切れる前に終了することができるわけで、当然、仮歯も必要ありません。

ところで、このような冠は絶対にはずれないのでしょうか？　当会の歯科医院でも、長石系のセレックや二珪酸リチウムであるイーマックスを使った処置を１０００件以上行いましたが、１例も脱離がありません。ただ、セレックに関してはわずかに10例程度、最後臼歯に使った場合に冠の破折がありました。一方、ジルコニアはと言うとセメントが接着しにくいので、当会では臼歯部には使いません。

このように、小さいカリエスはレジン充塡、かぶせる場合はセレックかイーマックスにすれば、はずれる心配もなし。自由診療なので当然経営的にもグッドです。

臨床

患者さんをユニットで待たせる場合は寝かせておく

当会の医院は、基本的には掛け持ち診療はしていません。それでも、麻酔待ちの時間などがあり、患者さんにユニットのうえで待っていただく場合があります。

そんな場合、皆さまは患者さんをどうされていますか？　おそらく、何の気なしにユニットを起こしているケースが多いかと思います。

ただ、そのようにすると、どういうことが予想できるでしょうか？　それが治療の前だったりすると、患者さんの心理状態としては、これから何をされるかという不安があると思います。そうした時、人はどうしてもキョロキョロしやすいものなのです。

では、キョロキョロされるとどうなるでしょう？　きっと、診療室中を見回されるに違いありません。そして、目の前に並んだ器具を見て、いっそう不安が増すでしょう。

当然、水回りや床のすみずみもご覧になるのではないでしょうか。そして、いろいろなこと、たとえば水垢やホコリなども目につくと思います。

なかでも――これはもちろんあってはならないのですが、水回りなどに微量の血液が飛んでいた場合などは最悪です。医療従事者は血液を見なれていますが、一般の方たちはそうではありません。血痕がどこかに付着していた場合は、間違いなく不潔のレッテルを貼られてしまいます。

もちろん、スタッフも掃除には余念がないはずですが、それでも忙しかった時などは見落としてしまうケースもなくはないはずです。

実際、患者さんが敏感なのは当然で、私の経験では以前にも齲蝕検知液を血液だと指摘されたことがありました

それに、歯科医院の内部は機械や道具だらけです。それらすべてを毎日完璧に磨いておくというのは不可能であり、ホコリだって少しはついています。設備が新しいか古いかなども、見ればわかってしまうでしょう。

だからこそ、そうならないよう患者さんの目を天井に向けてしまうのです。具体的にはユニットのうえでお待たせする場合、ほぼ水平にしておくことです。ユニット周囲を完璧に掃除するのに比べれば、まだ簡単ですので天井の蛍光灯だけはよく掃除をしてください。

お待ちいただくならユニットは水平に。そのほうが患者さんもリラックスでき、こちらも安心というものです。

臨床

教科書をつくれ

マニュアルのある歯科医院は多いと思います。しかし、診療の基準になる〝教科書〟を用意しているところとなると、これは少ないのではないでしょうか。

むろん、おひとりの歯科医師が診療をしている医院なら必要はありません。しかし、複数の歯科医師が診療に当たる場合、この教科書は必要です。歯科医療上の考え方を統一しておく必要があるからです。ある歯科医師は症状のない根尖病変を見て「治療が必要」と言うのに、院内の他の歯科医師は「経過観察」と言うようでは、指示されるスタッフも混乱してしまいます。

医科の場合は、クリニカルパスというものがあります。これは、疾患ごとに標準的な治療を定めた指針のことです。たとえば、虫垂炎の初期の場合は、抗生物質の何を何日投与するなどの決め事が記載されています。

歯科医院でも、これと同じようなクリニカルパスを〝教科書〟に記しておくことをお勧めします。考え方や治療の方法について細かく記載し、それをいつでも見られるようにしておくのです。

当会では、小児歯科から保存、口腔外科、レントゲン、補綴、矯正とほぼすべてにクリニカルパスを定め、教科書にしています。ただ、歯科治療の場合は、健康保険が適用されない処置や材料がかなりありますので、クリニカルパスの記載通りにいくかどうかは別問題です。

そして、新人の歯科医師や衛生士が入職した場合、この教科書を、ただ渡しておくだけではなく、読んで聞かせ、解説を加える必要があるのです。一度にできなければ、毎日少しずつでもよいのではないでしょうか。

教科書をつくると、院長自身の勉強にもなります。できるだけ細かく、今までの経験を含めて書いておく必要があります。できるだけ図や写真を挿入するのも大切です。現在ではネット上にいろいろな図や写真が掲載されていますので、それをうまく引用すれば、意外と簡単にできあがります。写真などには著作権がありますので、内部資料として外部に出さないようにすることは、言うまでもありません。

歯科医院は教育機関ではない、という意見もあるかもしれません。しかし、教育をしていけば、将来的に助かるのは他ならぬ院長自身である点を忘れてはならないでしょう。その場合、人を育てる指針として、教科書以上の存在はないのです。

臨床

治療計画は必ずつくれ

患者さん別の治療計画をつくっていますか？　治療計画とは、どの歯に、どんな治療をするか、その順番、期間、費用の計画を立てることです。それをせずに、適当に右の上から順に治療をしたり、全体を見渡さず、次の治療のことしか考えていないのではありませんか？

歯科治療の場合は材料や技工がからむため、じつはいろいろなパターンが考えられます。にもかかわらず、それを考えないまま健康保険の枠のなかだけで、安直に治療を始めてしまうことが多いようです。思うに、健康保険が適用される診療は最低水準の治療です。しかし、患者さんのすべてが最低水準の治療をいいと考えておられるでしょうか？　近年は「歯は自分の健康に直結する」と次第にわかってきたがゆえに、最高水準の治療を希望される方も多いと思います。そうであれば、治療計画は絶対に立てなければなりません。なぜなら、保険診療の枠をはずれただけで、患者さんは即10割の費用負担をしなければならなくなるからです。保険と同じ治療が3倍以上の支払いになるわけで、治療費用は患者さんが考えている以上に高額になります。

だからこそ、治療を始める前にゴールの設定と、その期間と、費用を明示しておく必要があるのです。それをせず、右の上から1歯ずつ治療し、根治をしては「かぶせ物はどうしますか？　白い物ですと○○円かかります」と、これをずっと続けていくとどうでしょうか？「いったい、いくらかかるんだ?」と不安を感じない患者さんはいないでしょう。

治療計画書には、2種類あると思います。治療が簡単な場合の計画書と、複雑な場合の計画書です。簡単な場合とは個々の歯に対応すればよいだけの状況です。中等度の歯周炎もなければ、矯正、インプラントもからまない状態、修復治療のみで終了しそうな場合がこれに相当します。一方、矯正やインプラントがからむ複雑な症例については、模型を取ってよく考える必要があるのは言うまでもありません。

治療計画をつくるに当たっては、初診の際に現在の歯の状態を記録するのに加え、おおよその治療内容を別紙に書いてしまうことです。私はこれを〝個々の歯の治療指針〟と呼んでいます。たとえば、この歯はレジン充塡、この歯はかぶせる必要がある……等々。これを行う癖をつけておかないと、あとでレントゲンと口腔内写真を見ても、レジン充塡か、それともセレックのインレーのほうがよいか、治療計画をつくれない場合が多いからです。

この「個々の歯の治療指針」さえ書けば、あとは助手が歯科用説明ソフトで入力し、説明もお願いする。こうすれば、おのずと自由診療が増えてきます。

臨床

矯正は自分でやれ

歯科における矯正は、大学の授業においても特別な扱いをされていたと思います。つまり、矯正は専門医がやるもので、GPは手を出すな。よって、教育もいい加減だったと思います。その考え方もわからないわけではありません。大学で教育をするにも、授業時間は限られており、実習もそれほどできる環境ではないからでしょう。

日常の歯科臨床にとって、矯正治療はなくてはならない技術であることは間違いありません。歯並びは直接的な歯周病の原因ではないにしろ、間接的には必ずかかわっています。よって、歯周病の治療には、矯正治療が必要なケースも多いのです。また、補綴をしようと思っても、歯の方向が悪い場合も多々あります。そんな場合も矯正治療は必須です。

ただ、MTMのように一部の歯を動かすだけといっても、そうしたケースこそ一番難しいのです。なぜなら、目的としている歯を動かそうと思っても、結局は周囲までズレてしまい、全顎矯正をしなければならなくなることが多いからです。なら、矯正治療は専門医に任せるべきなのか？　それは、たとえば外国語による専門的な内容の会話に似ていると思います。通訳がついた場合、内容はそこそこわかりますが、本当の意味での会話はなかなか成立しない。それと同じで、他人任せでは思うような結果にはなりません。

思うに、歯科治療で一番難しいのは矯正治療ではないでしょうか。ひとつには、患者さんそれぞれの顔立ちや、噛み癖のようなものが問題になってくるからです。また、子どもの場合は成長の予測がしにくいという面もあります。だからこそ、矯正治療は片手間ではできません。1~2回、研修会に行っただけでは会得できないでしょう。つまり、完全に会得するためには、それなりの研修をずっと受け続ける必要があるのです。

矯正治療は、学派によって治療の仕方がかなり違うのは事実です。さらに、ゴムメタルのような新素材の登場によってテクニックは大きく進歩をしてきています。また、矯正専門医と言うと矯正治療がうまいと思われがちですが、そうとも限りません。実際、矯正専門医には小臼歯抜歯をしすぎる人が多く、専門医でも若い方の場合、大学でそれほどの症例を行っていないせいか、理解に苦しむ矯正治療を強いる場合が少なからずあります。だからこそ、私たちGPが自分の手で矯正を手がける意味が出てくるのです。

GPが矯正をする必要性、それは歯周病や補綴の問題もありますが、矯正治療は歯科についてあらゆる知識がないと、うまくいかないからです。たとえばインプラントを行うために培ったCTを診る知識や骨の再生の知識、それら全部が総合的にものを言うのです。

臨床

金属は極力使うな

セレックの項目でも触れましたが、時代は変わってきているのです。金属を使う時代は、もはや過去のものだと思っています。

歯科医師は、金属が一番正確な修復方法だと信じていると思います。また、それを長年にわたり扱ってきているため、治療によって歯が銀色に変わることにほとんど抵抗をもたなくなっています。

しかし、歯科医療にたずさわっていない一般の人たちからすれば、せっかく歯の治療をしながら、それが銀歯になることに少なからぬ違和感があるのは事実です。特に若い世代や女性では、口を開けた時の美観を気にされることが多く、銀冠が入っているのを意識するあまり、人前で大きく口を開けて話したり、笑ったりするのに抵抗を覚えるケースがあると聞いたことがあります。

たとえば、適合精度から判断して金属がよいと思って診療をしても、装着後にレジンのような自然な色にしてほしいと、患者さんから言われたことはないでしょうか？　乳歯冠についてもしかりです。

また、金属アレルギーのリスクについても、考えないわけにはいきません。ネックレスのような宝飾品は、年中体に着けているわけではありませんし、何か問題があれば、はずすのも簡単です。しかし、治療により金属を口のなかにセットしてしまった場合は、本人の意思ではずすことはできませんし、その状態で24時間365日装着されたままになってしまいます。

ここでやっかいなのは、金属アレルギーのような遅延型のアレルギーは長年かかって症状が出るという点。そのため、因果関係がはっきりしないのが問題です。ひょっとすると、歯科用の金属となんらかの関係があるのかもしれません。

しかも、これは「インレーはやるな」の項目にも書きましたが、金属を使った修復は、他の歯科診療の診療報酬よりも高い点数に見えながら、じつは技工料や金属代を考えると大赤字。原価率を引き上げる最大の原因になっています。

現在、セラミックの診療は自由診療であり、医療機関が独自に治療費を設定できるので、経営面でも有利であることは言うまでもありません。

これからの歯科医療は、金属をなるべく使わないように考え、診療を組み立てていく必要があると思います。

臨床

麻酔をしろ、痛み止めはなるべく出せ

本書中で何度も書いているように、患者さんには歯科医師の技術のうまいへたは判断ができません。よって、医院の評価の大半は、建物の外装や受付の態度、全体的な雰囲気で決まってしまうのですが、治療に関する数少ない評価基準として、痛いか痛くないかは客観的にわかる大きなポイントになってきます。

痛みの種類としては、歯を削るような診療行為に伴う場合の痛みと、抜歯をしたあとの痛みの、大きく2種類があると思います。前者の診療行為に伴う場合は、麻酔をすればコントロールが可能なのはご承知の通りです。ただ、実際には多くの歯科医師が、麻酔はあまりしないようにしているようです。というのも保険診療の場合、麻酔はほとんどが診療行為に包含されているため、保険請求ができず、医院側の持ち出しになるからです。

ただ、患者さんの側からすれば、そんなことは医院側の都合であり、知ったことではありません。要は、痛いか痛くないか、ふたつにひとつなのです。

たとえば、形成をするような時には、麻酔をする歯科医師が多いと思いますが、修復物

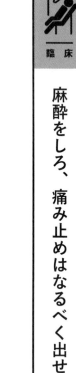

をセットする時はどうでしょう？　また、感染根管処置の場合はどうでしょうか？　保険点数のことを考えると、ただでさえ低い点数なので、麻酔をする気はあまり起きません。が、そんな場合も、やはり麻酔をする必要があるのです。患者さんからすれば、痛くないということが何より重要なのですから。長い目で見れば、保険点数のことよりも、患者さんに信頼を得て、新しい患者さんを紹介していただくほうが100倍得だと思いませんか？

よって、麻酔はケチるな、なのです。

もちろん、術後の痛みのコントロールも大事です。抜歯をしてずっと痛いと、患者さんは歯科医師の腕が悪いとか、あらぬことを考えがちです。そうならないよう、抜歯等の外科処置や炎症を伴う場合は、積極的に薬を出す必要があります。日本の健康保険制度では現在のところ、このような状況で薬の査定をされることはありません。こうした時、別項でも書きましたが、お近くに調剤薬局があれば、すぐ院内処方から院外処方に切り替えてください。処方箋の保険点数は医科と同じで、根治の点数と比較しても非常に高いのです。

あと、皆さまご存じと思いますが、薬剤の添付文章の効能にない病名での処方は、薬局での支払いもすべて医療機関があとで負担をしなければならず、注意が必要です。そんななかで、C病名でもカロナールのようなアセトアミノフェンは処方ができることは意外と知られていません。これは、乳歯冠のような治療後に処方が可能なことを意味します。

経営事情を反映？
診療所での待遇が悪化する歯科衛生士

歯科衛生士の年収推移を見ると、歯科医師の場合と同じく歯科診療所よりも一般病院勤務、診療所では総じて法人のほうが有利とわかる。人材不足を背景に、一般病院による好待遇での人材確保の影響を受け、規模の劣る歯科診療所では将来的なスタッフ不足も予想できる。

【歯科衛生士の年収（税込）】

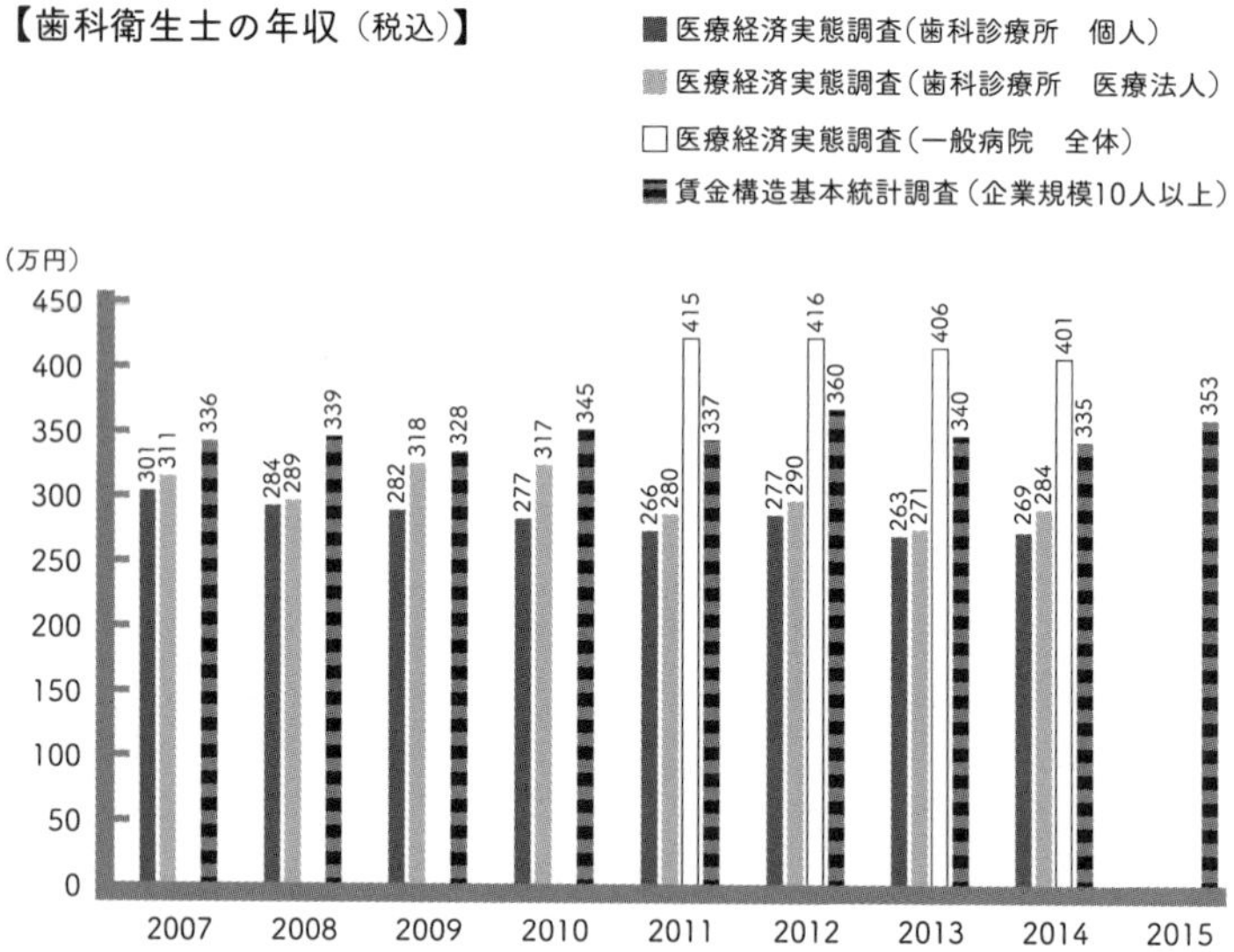

（資料『2015年版　歯科口腔保健・医療の基本情報「現在を読む」』日本歯科総合研究機構編）

心構え

〜選ばれる歯科医院のつくり方〜

心構え

役所とのつきあい方を知れ

この国で仕事をしていく以上、役所との付き合いは避けられません。特に歯科医院は、国民の健康や公費を扱うために監督も厳しく、お役所と上手に付き合う知恵が必要です。

役所には、市役所のような「所」のつくところと、警察署のように「署」のつくところがあります。では歯科開業医にとって重要な役所はどこでしょう? 答えを先に申し上げると、税務署、消防署、労働基準監督署、警察署です。「所」のつく役所にも調査権はありますが、この「署」の付く役所には強力な権限が付与されています。

税務署については専門の税理士にお任せするとして、意外にも、おつきあいが大切な役所は消防署です。消防署の仕事と言えば、火災の消火が職務と思いがちですが、ある地域で日々絶え間なく火災が発生しているわけではありません。そこで消防署員の主たる仕事は、消防法等に基づく建物の適正化や指導になります。防火区画やスプリンクラー、火災報知器の設置、場合によっては建物自体の問題を指摘される場合もあり、対応が適切でないと、診療ができなくなるような事態も考えられるのです。

労働基準監督署も大事な存在です。この役所は、スタッフの労働時間や休み時間のあり方と関係しているからです。医療の場合、決まった時間に仕事が終わらない場合があり、それが恒常化して通報をされた場合など、調査や指導が待っています。とりわけ最近は過労の問題もあり、〝ブラック企業〟にならない注意が必要。そのためには、社会保険労務士に相談をして適法な状態で「みなし残業」を設定しておくべきでしょう。これは一定時間の残業を想定し、残業時間を計算せずとも固定分の残業代を支払うという制度です。歯科医院によっては分単位で残業を計算している場合もありますが、計算が大変なうえ、かえって作業効率が悪くなるおそれもありお勧めはできません。

しかし、役所の中で一番気を配るべき役所は、なんと言っても厚生労働省の出先機関である地方厚生局でしょう。健康保険を扱う場合、この役所が都道府県と一緒に指導を行うからです。開業時の新規指導からその後の個別指導まであります。対応を軽視すると、家族やスタッフに大きな迷惑がかかります。そして、実際に地方厚生局の指導が入ることになったら、自分ひとりで書類のチェックをせず、友人や保険医協会、歯科医師会に援助を求めること。現在では、この対応をおもな仕事にしている歯科医師もいるほどです。

私は過去に新規指導を3回受けましたが、万全を期していたつもりでも忘れていた書面があったりして、どっと冷や汗をかきました。役所とのつきあい方は本当に気を遣います。

心構え

やりたくない仕事は細切れにしろ

人間、行動に関しては、やりたいこととやりたくないことのふたつしかありません。その中間もありそうですが、よく考えれば、すべての行動はこのどちらかに含まれるはずです。私の場合、今から30年ほど前の開業したばかりの頃、もちろん現在のようなレセコンはなかったので、レセプトはすべて手書き。月末ともなると憂鬱で、休日はカルテを持ち帰り、ひとつずつ診療行為の確認をしてレセプトを書いたものです。それも、レジン充塡くらいなら簡単ですが、抜歯をして増歯をしたりというような場合、面倒の極みでした。

ご存じの通り、昔も今もレセプトは翌月10日が提出期限。提出できなければ、スタッフの給料も払えません。レセプト書き自体はやりたくない仕事の典型でしたが、そうも言っていられないのです。

そんな時、せめてもと試みたのが、やりたくない仕事は細切れにしてするという工夫です。つまり、同じレセプト書きでも簡単なものから手をつけるなど、やりたくないレセプトも細切れにして終わらせていくのです。すると、いつの間にか完成しています。

疲れている時に、治療計画を考えなければならない場合もあります。そんな場合も、この作業を行います。最初から全部やろうと思わず、今日は模型をもってきて、レントゲンだけを計画書に入れようと決め、そこまでをやる。そして続きは帰宅後などにするのです。やりたくない仕事の場合、どうしてやりたくないかの原因を書き出してみると、複数の理由があったりするケースもあります。それをひとつずつ、排除するのも有効です。

先にあげた治療計画の場合にも、やりたくない理由をあげてみる——模型が汚くてトリミングからしなければならないとか、カルテや画像も出してこなければならないとか、それをひとつずつ、つぶしていくのです。

今日は模型のトリミング、カルテは終業後に自分で出しにいくのではなく、診療時間中に受付のスタッフに丁重にお願いしておく、等々。

この細切れスタイルは、何かの目標を達成するにも有効です。たとえば80キロの体重をいきなり60キロにしようと思っても、目標が漠然としすぎです。そこで何月何日には何キロと、細切れの目標を立てるようにするのです。そして、その直近の目標をとにかく達成する。そうすれば、さほど心理的な圧迫を受けることなく、最終的な目標まで達成できます。

「難問は分割せよ」とは、かのフランスの哲学者ルネ・デカルトの言葉ですが、忙しい現代に生きる私たちにも、おおいに学ぶべき点がありそうですね。

心構え

タイピングの速度を上げろ

若い先生方の場合、手書きでカルテを書いている方はいないでしょう。おそらく、レセコンを使ってキーボードで入力をしていると思います。

そこで、重要になってくるのがこのタイピング速度です。

当然ながら、タイピングの速度が遅ければ、その分を診療時間から割かなければなりません。しかも、問題は自分だけ速度が速くてもダメという点です。

カルテの記載は誰がするのか？　歯科医師本人が入力するのは当然として、それでは他のスタッフがこれを行ってもいいのでしょうか？　答えは「ＯＫ」です。カルテの口述筆記は、正式に認められています。

ということは、助手のタイピング速度も問題になってくる。そこで、タイピング速度の測定をする必要が出てきます。そのためのサイトは、インターネット上にたくさんありますので、探してみてください。

実際にスタッフのタイピング速度を測定してみると、相当な差があるのに気が付きます。

その差は、どこからくるのでしょう？

遅い人を見ていると、まずホームポジションがバラバラです。ホームポジションとは、どの指でどのキーを叩くという決められた構えのこと。要は基礎ができていないせいでスピードが上がらず、いちいち指を見ながら打っています。それでは、速度はけっして上がりません。

そうした場合は指を見ないでも打てるよう、ホームポジションをしっかり指に覚え込ませ、ネットにあるタイピング練習ソフトで訓練する必要があります。

先生自身が遅いなら、とにかく練習してください。カルテの記載に時間がかかるのは、本当にもったいないことです。カルテ記載は義務ですが、保険点数はついていません。

最近はまた、意外な問題が発生しています。それは２０１８年現在、大学や専門学校を卒業してくる人たちに、キーボードが使えない人が多いという驚きの事実。彼ら彼女らはスマートフォンの世代のため、フリック入力をもっぱらにし、キーボード入力が苦手になっているというのです。

近い将来、レセコンもフリック対応になるかもしれませんが、当面は新卒者に対してキーボード入力を訓練させなければなりません。テクノロジーの進化が速いというのは便利な反面、思いがけぬこともいろいろ起こってくるものです。

心構え

人に答えをもらうな

安易に人に答えをもらってはいけません。

たとえば、ファミレスなどにお昼ご飯を食べにいったような場合に、一緒に行った人が何にするかを聞いて、結局はその人と同じものにしてしまうようなことです。そういう人は、性格的に協調性があると言えるかもしれませんが、見方を変えれば自主性がないとも言えます。

歯科医院を経営していくと、自分自身で判断をしなければならない大切なことが山ほどあります。

そんな時に、慎重な調査をしたり、他からアドバイスをもらうことはとても重要です。しかし、いずれにせよ最終的には自分で判断をする必要があります。

そんなことくらいわかっている、とお思いになるかもしれませんが、私たちは意外なほど他人の意見を信じ、自分以外に答えをもらいがちです。その場合、世の中の人は往々にして、保守的な考え方が多いのが事実です。そんな人が他人にアドバイスをする場合、当然ながら保守的になるのは考えるまでもありません。

当会の場合、8年前に移転をして、スタッフの数はそれまでの8倍ほどに増えました。移転の際の決断は即決でしたが、そのあとで2階に新たな診療スペースをつくる時は、税理士さんから「もう少し足元を固めてから」と言われましたが、それを聞かずに決行。別項でご紹介している「都筑キッズデンタルランド」を開院した折も同様でした。

結果的として、今のところよかったと言えるのですが、これらの経験を通じて、何事も最後は自分で答えを出さなければならないと痛感させられたものです。

スタッフのなかにも、他人に答えをもらいたがる人が必ずいます。要するに、自主性のない人です。

このようなタイプの人には、たんに「答えをもらうな」と言うだけではダメで、こちらから細かくアドバイスをして動いてもらうしかないと思っています。

一方、患者さんに関しては、人に答えをもらうタイプの人の場合、こちらから提案をしたことを答えになさいますので、診療がやりやすいという点はご想像がつくでしょう。もちろん、それをよいことに強引な治療をすることは、厳に慎まなければいけません。

性格的な部分も大きく関与するものの、皆さまご自身も、スタッフの方たちも、人に答えをもらわずに自分で出すことを、日頃から心がけておく必要があると思います。

心構え

わからないことはすぐに検索せよ

ひと昔前は、わからないことがあれば、図書館に行くしかありませんでした。学校の図書館の場合もあり、公共図書館の場合もあり、いずれにせよ調べものをするには、まず膨大な本から、必要な情報が掲載されていそうな本を探し出さなければならなかったものです。しかも、そうしてうずたかく積み上げた本を読んでも、ピントが外れていたりして、必要な資料にたどり着くまでは多大な時間を要しました。

それに比べ、現在はどうでしょう？　そのように多くの手間ひまを要した作業のほとんどは、インターネットで簡単に解決できてしまいます。キーワードで検索し、見つかった文献もネットですぐに閲覧が可能になっているのです。それは文献レベルに限ったことではなく、簡単な情報や雑学レベルでも容易に検索が可能。なんとも便利な世の中になったものではありませんか。

ネットで調べたことがすべて正しいわけではないことは、昨今しばしば言われています。確かに、その正確性にはいろいろな評価があると思いますが、複数の情報を比較検討することにより、ある程度の真実は見出せるのではないでしょうか。その点で、私などは大新聞でさえ、それほど信憑性があると思っていません。

要は、何事もわからないままにしない姿勢が大切。よって、診療室のパソコンは常時、ネットにつないでおくことが必須になります。

では、実際にネットでどんなことを調べるのでしょうか？　歯科診療をやっていて、ネットの検索機能で助かる点を以下にあげておきます。

以前ですと、患者さんが持参される常用薬は『今日の治療薬』という本で調べるのが定番でしたが、ネットのおかげでほぼ不要になりました。ジェネリック薬を含めて、すべての薬の添付文章を閲覧することが可能だからです。

また、患者さんがなんらかの既往症をおもちの場合でも、ネットを見ると薬の禁忌など、たいていのことは瞬時にわかってしまいます。

さらに画像検索という便利な機能を使えば、矯正装置などは自分で写真を撮影していなくても、ネット上で見つけて即座に患者さんに説明することができます。

この検索機能を使いこなそうという場合、文字入力の速度が遅いとどうしてもおっくうになりますので、タイピングの速度向上は必須。できればブラインドタッチができるよう練習をする必要があるでしょう。

心構え

大規模化ということ

本書にはたびたび書いていることですが、患者さんには医療の質そのものはわかりません。直接わかるのは痛いか痛くないかなどで、あとは内外装やスタッフの対応を含めた雰囲気が重視される傾向があります。

なかでも、患者さんが非常に重視している点として、待ち時間の長い短いがあるのを忘れてはいけません。

医療だから、待つのは当たり前というのは、もはや過去の話です。

当会の医院では現在、4院ともすべて「ユニットごと予約」というコンセプトを守っています。これは予約時間ジャストに、そのユニットを予約してある患者さんに座っていただき、診療終了予定時間の5分前には降りてもらうというやり方です。こうすれば、ムダな待ち時間は一切なくなるはずです。

ただ実際の話、この「ユニットごと予約」をきちんと回していくには、ある程度の医院の規模が必要になります。この方式の前提として一定の人的・設備的な余裕が必要になるからなのです。

歯科医の皆さまは誰しも、40代までは患者さんの数をこなすことも平気だと思います。しかし、それが50代になりますと、目に見えて根気が続かなくなる。よって、診られる患者さんの数も激減してくるのです。そうなると、マンパワーの余裕が絶対に必要です。

私は25年間にわたり、ユニット2台で診療を続けてまいりました。そして、50歳になった時に近所に移転をした結果、おかげさまで現在では、4院でユニットは21台となりました。

しかし、それはひとえに一定の規模なしにはできないことでした。じつは10年前、父親が開設した歯科医院から弟が独立したため、その経営を引き継いだことがあるのですが、その時は雑誌の歯科医師募集で採用した方に診療に当たってもらうことにしました。

が、その結果は、もとからの患者さんが激減してしまうという悲惨なものでした。当時は本院のユニットもまだ2台で、勤務医に来てもらうことができません。そのため、治療のポリシーも教えないまま、採用した歯科医師がしっかり治療するという楽観的な見通しに頼って、すべてを任せたのが大きな間違いでした。

そうした苦い経験もあり、現在では横浜市港北区の本院でしっかり育てた歯科医師を、各院に派遣するかたちを取っています。

心構え

大規模化のメリット

歯科医院の規模を示す定義としては、ユニット3台までを小規模、7台までを中規模、それ以上を大規模とするのが妥当というのが、私の考えです。そして、医院の大規模化には、別の項にあげたもののほかにも大きなメリットがあります。

仮に、ユニット台数が7台を超える大規模医院で、そのユニットがすべて効率よく運用されているとしましょう。その場合、スタッフ数は確実に10人を超えていると思います。日本の標準的な歯科医院では、歯科医師1名とその他のスタッフが3名という規模が最多です。この場合、歯科医師である院長は診療と雑務もすべて兼務します。つまり平日は診療に当たり、休みの日はそれなりに事務仕事をやらなければなりません。

一方、スタッフを10人程度常勤で雇用できるようになると、個人事業では面倒なことがたくさん起こってきます。個人事業では税金が高いので、法人化して税率を下げようと考えるかもしれませんが、そうした安易な発想による法人化は大きな間違いのもとになります。医療法人になると、個人事業の時とは大きく異なる点が出てきます。個人事業の場合、売上から経費を払って残ったお金はすべて自分の所得です。しかし、法人の場合は院長である理事長は、法人から定額である役員報酬をもらう形になります。しかし、一般の株式会社には許されている余剰配当、つまり賞与を自分に出すことはできません。要するに、固定給のみになるわけです。

では、大規模化と法人化がよくないのかというと、まったく逆で、そのメリットは非常に大きいと断言できます。というのも、法人では残ったお金は法人のものですので、それを使って設備を買うことができるのです。また、家計と法人の財布の分離がほぼ確実にできるのもよい点だと思います。

要は別項にも書いた通り、スタッフに「頑張った分は私（理事長）の利益でなく、法人の内部留保になるので、あとでみんなの元に返ってくる」と胸を張って言えるということです。そしてもちろん、大規模化には周辺に新規参入者の開業をさせない〝抑止力〟になるというメリットがある点は、言うまでもないでしょう。

小規模な歯科医院の場合は売上も少なく、十分な人員を雇用する余裕がありません。しかしスタッフが30人を超えると、かなりゆとりをもって人材の確保ができるようになります。ただ、大規模化に当たってはハコ＝スペースの問題が大きくのしかかりますので、開業の際は将来的にある程度拡大が可能な場所を選ぶ必要があるのです。

心構え

できる限り、歩け

歩くことと歯科医院の経営——本当に関係があるのでしょうか?

私は、おおいに関係すると思っています。実際、人はじっとしているよりも歩いたほうが発想力が60%高まるとの研究結果が、米国の大学の研究者によって発表されているそうです。かのカントをはじめ、古来の碩学が散歩の習慣を大切にしていたのも、歩くリズムがものを考えるのに適しているからではないでしょうか。

私自身、毎日、雨の日も晴れの日も。行きも帰りも、JRの新横浜駅から小机駅までのひと駅分を歩いています。新横浜から小机の間と言うと新横浜公園を通る恵まれた環境ですが、ここを毎日歩くことで健康面はもちろん、発想力が高まるのを感じます。

しかも、そんな時に何かひらめいた場合、昔なら紙と鉛筆を取り出すところでしょうが、今はスマートフォンという強力なツールがあるのはうれしいところ。私はと言えば、gTasksというアプリを起動させて、歩きながら音声入力をしてしまいます。それにより、ひらめいたことを忘れず、しかもGmailのToDoリストに同期するという驚きの使い方ができるのです。スマホで音声入力したことが、パソコンを立ち上げるなり、すぐに見られるというのはじつに便利だと感じます。

私の実感として、歯科医師という仕事は普段から歩かない人が多いようです。私は海外の研修会に参加することが多く、日本人歯科医師をターゲットにしたセミナーなどで、日本人の歯科医師の方との同行の機会がしばしばあります。すると、その先生たちがじつに歩かないのです。たとえば、治安上もまったく問題のないニューヨークのグランド・セントラル駅の近くでさえ、歩いて5分もかからない距離にタクシーを使ったりします。

タクシー代は経費にはなりますが、歩いてみると違う発想も浮かびますし、その土地ごとの人々の日常の暮らしを見ることができます。これは東京でも同じで、上野の周辺や文京区の本郷あたりでは、隣り合っていても土地柄などが全然違うことに気がついて面白いものです。そして当然、健康にもいいのは言うまでもありません。

こうした面からも、私は自宅での開業は勧めません。職住一致だとどうしても歩く距離が不足するからです。せめて1日に40分程度は歩くこと。脳溢血にでもなり、思うように足が動かせなくなった時、改めて自発的に歩ける大切さを思ってもあとの祭りです。歯と同じで、すべては失って初めて気づく――そんなことがないよう、歯科開業医の皆さまもご自分の健康はご自分で守りましょう。

心構え

歯科医師はバカだと自覚しろ

べつに「歯科医師はお勉強ができない」と言うつもりはなく、世間知らずという意味です。そもそも、歯科大学や歯学部というところは歯科以外のことはまったく教えない、と言っていいほどの職業訓練校。そこを卒業して国家試験に合格さえすれば、一生、何の勉強もせずに資格は有効となると、世間知らずになるなと言うのは無理というものでしょう。

そうは言っても、多くの歯科医師の方々は「自分はそんなことはない」と思っていらっしゃるのではないでしょうか。そう、研修会にだってしょっちゅう参加しているし……でも、その研修会の話題はと言えば歯科医療、それも自分が好きな科目に関するテーマに限られているのではありませんか？

こうしてみると、私たちがもっている知識は、非常に偏っていると自覚するべきでしょう。一方、一般のビジネスパーソン、たとえば営業職の方などは当然、頭がよいことも必要ですが、それ以上に高いコミュニケーション能力が求められます。日々、数字を要求され、得意先と懸命に意思疎通をはかり、プレゼンテーションに命を賭ける……パソコンを駆使して、ExcelやPowerPointなどのアプリで完璧な資料をつくるなどは朝飯前です。私たち歯科医師は、PowerPointはおろかExcelさえ満足に使えないのではないでしょうか。

自営業についても見てみましょう。ひとつの例としては、コンビニです。報道などでは「コンビニより数の多い歯科医院」などと比べられますが、経営数字的には歯科医院が圧倒的に有利と言えます。それは、原価がまったく違うからです。歯科の場合、原価と言えば材料費と技工料ですが、多くても20％程度で、粗利は80％。そのうえ、公費（税金）から収入が得られます。しかし、コンビニの原価つまり仕入れ値は70％にもなり、粗利は30％にすぎません。これにフランチャイズのロイヤリティがかかり、経営は相当に厳しいのです。

このように、他の職業の内実を知れば、歯科医師はいかに恵まれているかがわかります。その有利な面をムダにしないため、新聞にきちんと目を通し、一見関係のないビジネス書も読み、いろいろなことに興味をもつ必要があるのです。そうしないと、外の世界での日進月歩の変化についていくことができません。たとえば、レセコンの普及がもたらした今日の歯科医院経営の激変について、10年前に気づいていた人はどれくらいいたでしょう？

かつて〝専門バカ〟という便利な表現がありました。専門的なことは知っていても、世間一般のことをほとんど知らない人をさす言葉で、歯科医師の多くはこれに当てはまると思います。専門バカでは、ますます激しくなる今後を生き残ってはいけません。

心構え

歯科医院見学に行け

私は、もうあと数年で歯科臨床家としては引退するでしょう。しかし、そんな年齢になっても、他の歯科医院の見学は大好きです。今までに、相当な数の見学に行きました。

そんな時、何を見るかと言うと、ずばり雰囲気です。これは数量化はしにくいのですが、あえてあげれば、スタッフがマスクを着けたままで冷たい目をしていないか、歯科医師と衛生士や助手の会話の調子、さらにバックヤードでのスタッフ同士の会話、患者さんへの説明の仕方などで、こうした点は、実際に行ってみないとわかりません。前に経営セミナーを受講し、その内容が素晴らしかったので、新幹線に乗ってまで見学に行った歯科医院がありました。さぞ素晴らしいと思いきや、実際には怖い院長の代名詞のような人で、スタッフも愛想笑いはしつつ、萎縮してマニュアルのままの応対をしているのがすぐに感じられました。おまけに、説教まで食らって帰ってきたのですから、さんざんです。

これなど極端な話ですが、どんな歯科医院でも見学に行けば、治療のヒントになったり、経営のヒントになることが絶対にあるものです。

私は見学先を決めるのに、海外セミナーでご一緒させていただいた先生にお願いすることが多いです。見学をしたい歯科医院があったとしても、こちらも開業していることがわかると、正面からではOKしてくれない場合があるからです。

でも、若い勤務医の場合は、見学をさせてくれと言って拒まれるケースはほぼないでしょう。ある程度の規模の歯科医院なら、若手歯科医師は喉から手が出るほど欲しいことが多いからです。であれば、その医院に勤務する気がなくてもどんどん見学に行き、雰囲気から設備まで見せてもらうといいと思います。

歯科医院は他の開業医科より、設備やマテリアルが圧倒的に多いのが特徴です。しかも歯科材料店に聞くとわかりますが、買っている材料は歯科医院によって全然違うと言います。であれば、行われている歯科医療にもかなりの差があることは間違いありません。

これも以前、見学に行った時の話。当会の場合、レントゲンは衛生士も読影していますが、その医院ではそうしたことはほぼないようでした。そのようなことがわかるだけでも、自信につながったりするものです。

見学に行く場合は、できれば遠い歯科医院がいいです。皆さまも、遠くからわざわざホームページを見たからと来院された患者さんは、手厚く診てさしあげませんか？　それと同じです。あと、海外旅行のついでに、現地の医院を見せてもらうのも面白いですよ。

心構え

海外の研修に行け

私は、40代の後半から海外研修に出かけるようになりました。台湾で行われた国際インプラント学会（ＩＣＯＩ）を最初に、米国やアジアの国々へ地球6周分ほどを行って来ました。医院の規模が小さい時は休診にしてでも行きましたが、その間の収入はゼロ。それどころか、スタッフには給与を支払わなければならないので、実際はマイナスでした。

それでも、海外研修は行ったほうがいいのです。それには3つの理由があります。

第1に、海外での診療のスタンダードを知ることができるからです。私たち日本の歯科医師は、保険診療にどっぷりと漬かってしまっています。その状況は私が歯科医師になった30年以上前と、ほぼ変わりありません。歯を削ってはインレーを入れて、欠損があれば入れ歯。しかし先進国、特にアメリカではどうでしょうか？　保険制度そのものがほとんどないことは措いても、銀歯などは使いませんし、欠損にはインプラントがスタンダードになっています。このような診療の差を感じることがとても大切なのです。

第2は、日本人の欧米に対する憧れです。ひらたく言うと「箔がつく」のです。日本人は文明開化以降、欧米に追いつこうと必死でした。結果、一時は世界第2位の経済大国になったわけですが、欧米＝先進国という考え方は精神的に刷り込まれていると思って間違いありません。つまり、欧米の先進国まで行ってお勉強をしている歯科医師だから、腕もいいに違いない――国内と同じ講習でも、そう期待してもらえる可能性があるのです。

そして、もうひとつ。海外研修に参加される人たちと情報交換ができる。つまり、海外にまで研修に出かけて行くようであれば、それなりに成功を収めた歯科医師の方たちでしょう。そのレベルの歯科医師と意見交換できるのは、診療上、経営上でも非常に有益なはずで、これが第3の理由です。

海外に行く場合は当然、飛行機を使います。私も最初のうち、エコノミークラスでの往復をしていましたが、現在ではクレジットカードを上手に使い、マイルをためて座席をアップグレードしています。それにには利用する航空会社を決め、提携するクレジットカードをもつことが必須です。開業している歯科医師なら、材料や機械の購入をそのカードで行うと容易にアップグレードできますし、勤務医の先生の場合も、国内研修に行く際の新幹線や宿泊、携帯や光熱費までカード払いにすれば、マイレージポイントは結構たまるものです。ビジネスクラスで体力を温存して海外研修に臨むのが賢明です。

心構え

自分しかできないことをやれ

個人開業の歯科医の場合、患者さんの治療以外にかなりの雑務があります。勤務医として働いていた時には見えなかった部分でもあり、開業したとたんに雑務の多さに辟易したというお話はよく耳にします。

が、そうした小規模の歯科医院でも、それなりに雑務を割り振り、分担する必要があるのです。

まず、結婚なさっていて、奥さまが専業主婦という場合には、とにかく経理や求人といった仕事はお任せするべきです。

そのうえで、スタッフにもそれぞれ事務仕事を割り当ててください。

歯科医師というのは、どこか職人のような性格もあるせいか、とかく自分でやるほうが速いと思い、何事も自分でやってしまいがちです。

しかし、それではいつまで経ってもスタッフは成長しませんし、自分はバタバタと忙しいまま。そうではなく、ご自身にしかできないことをやらなければいけません。

では、自分にしかできないこととは？

それはずばり、歯科医療です。

ただ、歯科医療と言っても、法的に自分しかできないのは治療だけです。

それ以外の説明などはどうでしょうか？　法的には、治療行為自体は絶対に歯科医師しかやってはなりません。なら、説明はどうかと言うと、まったく合法です。

また、皆さまは歯科医師以外の医療機関にかかった際、医者から治療費の説明を聞いたことがあるでしょうか？　手術にはいくらかかって、入院の費用はいくらかかるのか？

それらは、看護師やクラークと呼ばれる人たちがしていなかったでしょうか？

そうした点も、スタッフに任せることができますし、治療費のような説明は、むしろ助手がするほうがよいのです。近頃では、助手をトリートメントコーディネーターと称し、積極的に説明業務をさせているのは、こうした流れからだと思います。

お金の面と言うと、自由診療の部分が少なからずある歯科医師としては、気を遣うのもやむを得ないかもしれませんが、そろそろ発想を転換する必要があります。患者さんの側も、そのほうが安心して治療を受けられるのではないでしょうか。

歯科医師の方たちは、患者さんへの説明のほとんどは助手にまかせ、医師としての自分しかできないことに徹するべきなのです。

規模でまさる歯科診療所の技工士確保の動きが始まった？

勤務歯科技工士の年収推移を見ると、以前は大きな差のなかった法人と個人の歯科診療所間に、じわじわ差が生まれているのがわかる。とりわけ深刻な歯科技工士の不足を背景に、診療所のなかでも比較的規模の大きい法人において、優秀な人材確保への動きが高まっている可能性が予想できる。

【勤務歯科技工士の年収（税込）】

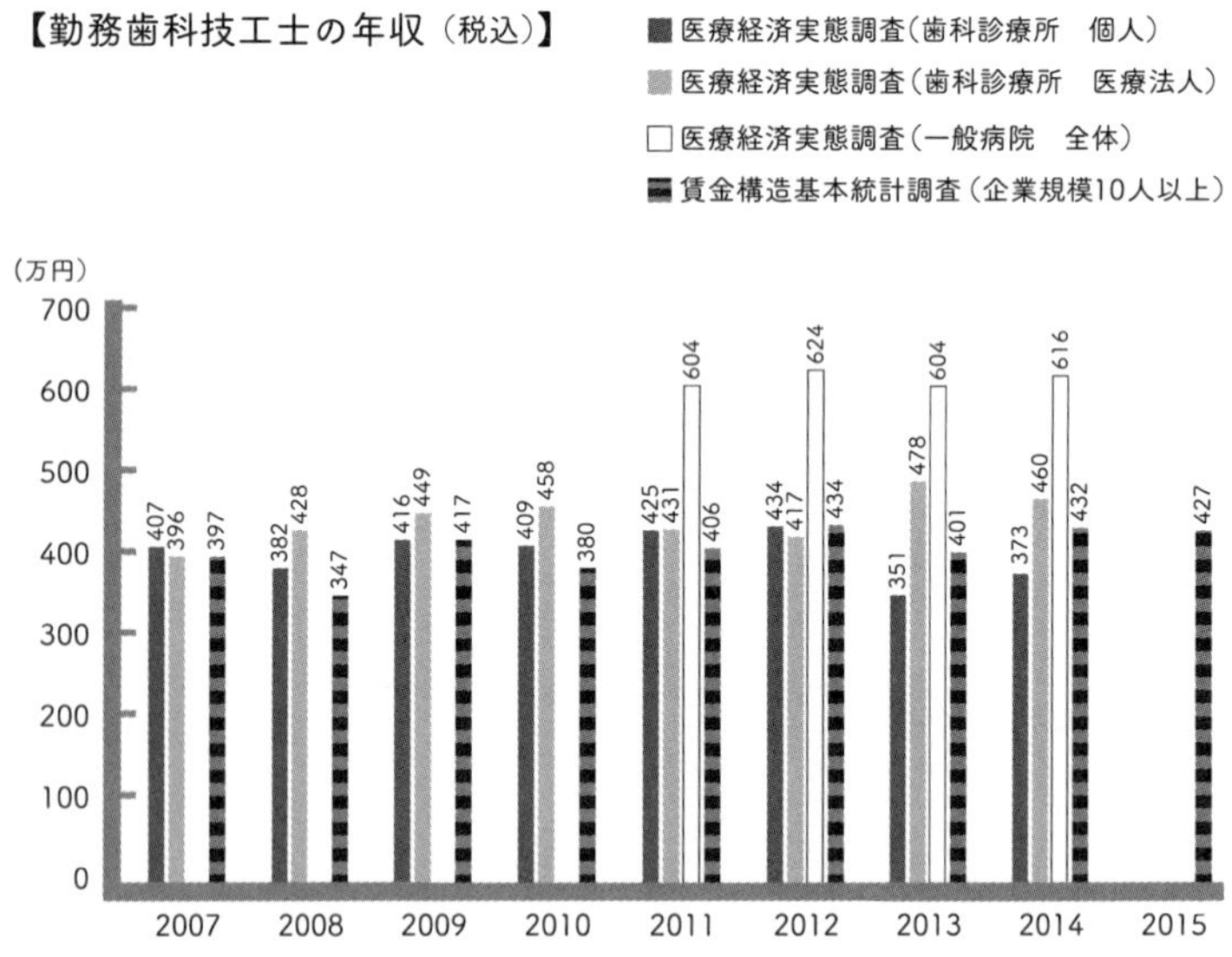

（資料『2015年版　歯科口腔保健・医療の基本情報「現在を読む」』日本歯科総合研究機構編）

日常所作

～選ばれる歯科医院のつくり方～

日常所作

スタッフはあなたの医療水準を知っている

患者さんは、その歯科医院の医療水準は全然と言っていいほどわかっていません。現在の医療はあまりに専門性が高いので、素人では良否を判断できないからです。患者さんがわかる医療内容としては、痛い、治療後に噛めない、歯間に物が挟まるという程度であり、よい歯科医院とは医療とほぼ無関係の部分——具体的には、先生がやさしいとか、よく話を聞いてくれるとか、受付の対応がいい、などのトータルな雰囲気で評価されているのが実態と言えるでしょう。

では、プロであるスタッフはどうでしょうか?

結論から言うと、スタッフはすべてお見通しです。彼女たちは、その先生の考え方、特に患者さんへの思いやりや、お金に対する考え方を敏感に感じ取っています。とりわけ、複数の歯科医師が勤務している歯科医院や、何軒かの歯科医院の勤務をしてきた衛生士にしてみれば、比較する対象があるので、まさに一目瞭然。

たとえば根充後のレントゲンは、ご存じの通り健康保険で加圧根充加算を算定するために必須の項目です。にもかかわらず、これを見てもいなかったり、根尖が欠けているのにOKしたり、根充もしっかりできていないのに、そのまま築造をしてしまったり……そうしたすべてを周りのスタッフは見ています。衛生士として、言いたいことはたくさんあるでしょうが、あえて言わないだけ。その点を十分わかっている必要があります。

ましてや技工士にとってみれば、治療の上手下手は彼らの間で完全にランキングができていると聞きます。ただ、私が思うに上手下手というのはどうしても出てしまうもの。それ以上に怖いのは、〝手抜き〟をしっかり見られているという点です。

しかも、そんなふうに厳しい目をもつスタッフが近所に住んでいる場合、内部情報が周囲に漏れるのはある程度当然として、よい噂ならともかく悪い噂が広がればどうなるでしょうか。実際、たまに衛生士や助手のような職業の人が来院することがあると思います。それは健康保険証に記載されている事業所名でわかりますが、なぜ自分が勤務している歯科医院で治療をしないのかと聞くと、当の先生が聞いたらショッキングな言葉が返ってくるケースがほとんど。よって、スタッフが自分の歯科医院で診療を受けているかどうかは、あなたの医療水準を認めているかどうかの物差しとさえ言えるのです。

普段、偉そうなことを言っていても、実態が伴っていなければ、スタッフはすぐに見限って去って行きます。幸いにして逆であれば、ずっとついてきてくれるはずです。

日常所作

スタッフは褒めろ

こんなことは当たり前と思うでしょうが、意外とできていません。歯科医師はなんでも自分でやってしまうタイプの人種だからです。人にお願いするより、自分でやったほうが速い。そう思っているからで、きちんと権限移譲ができず、院長はいつもバタバタ忙しくてイライラ。当然、スタッフを褒めるどころか、怒ってばかり……かつての私もそうでした。

そうではなく、スタッフに教えて権限をどんどん委譲すること。その際に重要なのが、この褒めるということなのです。

もちろん、権限移譲も種類はさまざま。ひとつの作業を任せるところから、プロジェクトをまるごと任せる、さらにはひとつの医院をすべて任せるという段階まであります。

まずは、ひとつの作業を任せるところからです。標準的な歯科医師1名、スタッフが3名の歯科医院の場合、このタイプの権限移譲がおもになると思います。それが、人数が増え、スタッフが10名を超えてくるとプロジェクト自体を任せる権限移譲が必要になります。

そうした場合、褒めることがとても大事になる。人は怒られて気持ちのよい人はいません。たとえ褒められすぎでも、悪い気持ちはしないものです。ただ、褒める際には肝に銘じなければならないことがあります。それを教えてくれるのが、先の大戦で連合艦隊司令長官の地位にあった山本五十六元帥の言葉です。彼は長岡出身の天才的軍人で、戦前にハーバード大学まで留学をした経歴の持ち主。ちなみに、お兄さんは歯科医師でした。

そんな彼の言葉とは「やってみせ、言って聞かせて、させてみせ、ほめてやらねば、人は動かじ。話し合い、耳を傾け、承認し、任せてやらねば、人は育たず。やっている、姿を感謝で見守って、信頼せねば、人は実らず」。

すなわち、ただ褒めるだけではなく、デモンストレーションをしてみせる。そしてやらせてみる。その結果をけなすのではなく、褒めてあげるのです。

先日、米国でハンズオンの研修会を受けてきました。米国人も、自分の形成模型を見せると、Very nice! と最初は必ず言うのです。それに続けて、But 云々——まさにこれです。最初は褒め言葉。続けて、改善点を教えていくのです。頭ごなしに「下手くそ」などと言ってはいけません。

あとは「3回聞いてもわからないやつは馬鹿」という気持ちでは絶対にだめ。別項にも書いたように、人は6回聞かなければわからないと思ったほうがいいのです。すべてを3回聞いてわかるくらいなら、全員、大学に行かなくても国家試験に合格しますよね。

日常所作

スーツで出勤しろ

私も20年くらい前は、自宅から院までは車で通勤しており、服装は適当なカジュアルでした。が、同じ歯科医師の友人と会った時に「子どもの手前、やはりスーツで出勤するようにしたよ」と言われたのです。詳しく聞くと、自分の子どもに「なぜ、パパはスーツで出勤しないの？」と尋ねられて困ったとのこと。それを聞いて、私も翌日からカジュアルはやめ、ネクタイとスーツやジャケットでの出勤に切り替えました。

現在、当会では出勤する場合は男性のスタッフはネクタイ着用を義務づけています。もちろん院内旅行などのプライベートに近い場合は、ドレスコードはありません。

医療者というのは、資格商売だからか、世間知らずなのか、とかくラフな格好の人が多い気がします。以前、厚生労働省の研修施設の指導医養成のようなお堅い講習会でも、ひざに穴の開いたジーンズにサンダル履きのような歯科医師の方がいらっしゃいました。これにはさすがに、違和感を覚えずにはいられませんでした。

考えてみてください。世のお父さんたちは、ほぼスーツで出勤していませんか？　私たちは特別なのでしょうか？　そこを考えてみる必要があると思います。

それと、私たち歯科医のほうは別として、患者さんたちは街なかですれ違った時、こちらに気がついていることが多いものです。その証拠に、当院の衛生士なども、本人がまったく気づいていないのに、見かけたという話をよく聞かされるのだとか。

私は普段、ある大病院の前を通って出勤していますが、たまに当院に通って来られるその病院のお医者さんとすれ違います。ご本人は気づいておられないものの、そのファッションはじつにラフ。そんな姿を拝見するたび、ビシッとしたスーツを着ておられたほうがいいのにな、と思ったり……それと同じなのです。医療という専門性の高い仕事をしている関係上、外見がラフすぎると「あの先生は大丈夫か？」と思われかねません。

これとは逆に、きちんとした服装ですれ違った場合、患者さんたちはけっして悪くは思わないもの。それどころか、よい評価をしてくれる可能性のほうが高いのです。

このように、患者さんは意外とあなたを見ているのです。その時に、評価を落とす服装はNG。男性の場合、スーツという万能のフォーマルウエアがあります。しかも、セミオーダーでつくっても、それほど高いものにはつきません。

皆さまも出勤の際には、ぜひスーツを着用してください。そうすれば、奥さまやお子さんのあなたを見る目も変わるかもしれませんよ。

日常所作

Googleマップを常に見よ

インターネット上のGoogleマップ、おそらくお使いの方も多いと思います。現在の20代の人からすると、当たり前の地図かもしれませんが、私のような昭和30年代生まれとしては、以前の紙ベースの地図とは比較にならない進歩を感じるのです。

私はこのGoogleマップを、教養のために見ています。教養というと変ですが、私たち歯科医師は地理を知らない人が圧倒的に多いのです。それも道理で、世のビジネスパーソンの皆さんのように、転勤で日本国内はおろか、世界中へ行かなければならないというようなことは、まずないからです。

ただ、歯科医の側はそうだとして、患者さんはどうでしょう？ 転勤や留学で、いろいろな場所に行かれているかもしれません。そんな時、こちらに少しでもその土地に関しての予備知識があり、話題にできると、意外なほど評価が上がることがあります。

具体的には「お、この先生は物知りだな」と思われますし、もともと人間というのは自分に興味をもってくれる相手に親しみを感じるもの。そうなれば、初診の患者さんでも心理的な距離はぐっと縮まるはずです。

そしてもうひとつ、Googleマップには「ストリートビュー」という実際の景色を映像で見られる機能があり、これが歯科医院の経営に直接役に立ちます。というのも、家にいながらにして全国の歯科医院を見学に行くことができるからです。

別項に説明した通り、歯科医院にとって外観は非常に大切です。患者さんには医療の質はわかりませんので、建物の外観が判断材料のひとつになります。当会が内外装をお願いしている後藤横浜事務所という設計事務所の社長は「医院の外観は、院長のやる気を示す」と言っておられますが、まさに私も同感です。

実際、入り口の雰囲気が昭和なレトロ感をかもし出していると、お年寄りの歯科医師が出て来て、旧態依然の治療が行われていそうに感じます。一方、どことなくカフェを思わせる雰囲気ですと、最新の歯科診療を受けられそうに思えませんか？

試しに、このストリートビューと厚生労働省が推進している医療情報サービスを組み合わせてみてください。各都道府県の医療情報サービスには、医院の自己申告ながら患者さんの来院数が掲載されています。その数が多い医院の外観を、ストリートビューで見て参考にするのです。人気の高い医院の外観をマネる——それが自宅のパソコンでできるわけです。また、気になる歯科医院には実際に足を運んでみることをお勧めします。

日常所作

メールの返事は1時間以内にしろ

私は、電話で連絡をするのが苦手です。電話で連絡をもらうのもありがたくありません。時と場所を選ばない電話によって、大事な診療時間を奪われるだけでなく、集中力まで削がれるからです。しかも電話でのやりとりは音声のため、記録が残らないというのも困ります。よって、連絡手段の中心はもっぱらメールです。メールなら、好きな時に確認することができますし、突然に自分の時間を奪われる心配もありません。ただ、メールの場合は電話と違って、多くの場合、返信を書かなければならない義務があります。

メールの返信には、ひとつの法則があります。それは、もらってから時間が経つにつれてていねいな返事が要求され、その分、時間が必要になってしまうことです。一方、すぐに返信した場合は「注意をしていてくれた」という思いからか、それなりに適当な返事でもあまり失礼にはとられません。

たとえば、診療中だから返事は診療後と思うかもしれませんが、私は診療中も頻繁にメールのチェックをするようにしています。これは、上記の法則を意識しているからで、時間をおいて診療後に返信をすると、かえって面倒なことになる。これに対し、すき間の時間を上手に使えば、あとになって大事な時間をメールの返信に割く気遣いはありません。診療中と言っても、患者さんと患者さんの間のわずかな時間でできるため、電話のような心理的負担がないのもうれしいところです。

そのためには、診療スペースの机にパソコンは必須であり、当然、インターネットにつながれている必要があります。また、別項に書いたように、アドレスはひと昔前に流行った独自ドメインやプロバイダが発行したものを使わないほうが効率的です。

現在では、G-mail や yahoo! メールに代表されるウェブメールという便利なツールがあります。私は、もっぱら G-mail です。以前ですと、メールソフトをパソコンにインストールした上で SMTP などを細かく設定。送受信実験をし、動作が確認されて、ようやく使えるようになる――そんなに苦労をしたのに、パソコンを買い替えると過去のメールのやり取り（ログ）はまったく見られず、データを移す場合もひと苦労……。

それが G-mail なら、たとえパソコンを買い替えようと、それが Apple だろうが Windows マシンだろうが、関係なく見ることができます。もちろん、デスクトップのパソコンでもスマートフォンでも、端末デバイスの種類を問いません。メールは G-mail に統一し、返信は診療中でもすぐにしてしまう。これによって、生まれる時間はかなりあります。

日常所作

人は6回言わないと覚えないと思え

みんな、自分のことは棚に上げて「3回言ってわからないやつは馬鹿」などと平気で言ってしまいますが、よく考えてみてください。先生と呼ばれるような人たちは、すでに歯科のことをいろいろ知っているから、そんなことが言えるのです。新しいことをちょっと聞いただけでも、そこに関連性のあることが想像され、記憶を強化できるからです。

何かを「理解する」というのは、さまざまなことを関連づけて覚えることだと言えます。それはもちろん周辺の知識もありますが、覚えている時に見た景色や、聴いた音が関連する場合もあるでしょう。学生時代、電車で試験勉強をしていたりすると「あ、あの駅のあたりで覚えたことだ」と、試験中に気づいた経験はどなたもあるのではないでしょうか。

一方、まったくの未経験のまま助手として応募してきた人は、歯科に関する知識が何もありません。聞くこと、見ること、すべて未知の世界。そんな状態のまま、3回聞いた程度で覚えられるはずはないのです。

皆さまも歯科大学や歯学部の学生の頃、歯科理工学でいろいろな材料を学んだことを思い出してみてください。数々の材料について、授業中に画像で見せられながら、その時には何のことかさっぱりわからなかった知識が、5年、6年時の実習で、実物を見て、実際に使ってみて、ようやく理解できたことがあったと思います。

人を教える際に重要な要素があります。その基本は別項でも書きましたが、座学、実演、実習、褒める、権限移譲、信頼という各段階が重要。教わる側はテキストを読んだり話を聞くだけでは頭でっかちになり、かといって実習だけでは理論がきちんと伴いません。学ばせ、やらせてみて、ある程度できたら、褒めてやり、信頼して任せると、人は思いがけず大きく伸びていくものです。

段階を踏んでさまざまに教えるのは、教育効果という点で大きなメリットがあります。座学、すなわち椅子に座って講師から講義を受けるというやり方では、教育効果はあまり望めません。これに対し、実習やワークショップのように自分が参加する場合、受け身ではいられず、自分で考えなければならないため、教育効果はずっと高くなるものです。

しかし、効果という点では、人に教えるという以上にいい方法はありません。教えようと思えば、知識を整理する必要があり、資料も整えなければならない。そうしたすべてを通じて学習が深まるわけで、これをスタッフに応用してみましょう。実際に後輩の指導をさせると、教わっている相手より、教えている当人が一番成長するものです。

日常所作

代診と呼ぶな

卒業後に某開業医にアルバイトに行った時のこと、代診という言葉を聞かされて何か釈然としなかったのを今もはっきり覚えています。

そもそも、代診とはどういう意味でしょうか？　辞書を引いてみると「担当の医師に代わって患者を診察すること」とされています。これを見てもわかる通り、本来は大きな病院のようなところで、担当の医師が出張などで診察ができない場合、その医師に代わって診療をする医師をさす言葉です。しかし、何故か歯科医院の場合に限っては、医院の勤務医のことを代診と呼ぶのです。

私は、この「代診」という言葉が大嫌いです。実際には勤務医の先生もそれぞれ担当の患者さんをもって診療しているのに、院長に代わって診療をしているというのはおかしくないでしょうか？

歯科の場合、昔は歯科医師が何名も在籍している歯科医院は少なかったのでしょう。そこでは、院長の代わり程度に数人の歯科医師が勤務していたため、こんな呼び方が定着してしまったのだと思います。

しかし、現在では大規模な歯科医院がどんどん増え、歯科医師が何人も勤務している歯科医院も多くなってきています。そうした場合、ご本人たちにしてみれば、院長の代わりなどとは夢にも思っていないはずです。

勤務医の先生は、確かに院長に比べて経験は少なく、スキルも劣るケースも多いでしょう。しかし、彼らにしてみれば、昔とは比べものにならないほど難しくなった歯科医師国家試験を突破し、歯科医師免許を所持しているという自負があるはずです。その事実に対しては、きちんとリスペクトをもっていないといけません。世間には、その点を忘れている院長が多い気がします。

医院を大きくするということは、治療はもちろん、マネジメント面でも、勤務医の先生方や他のスタッフに仕事を任せる必要が出てきます。にもかかわらず、いまだに代診などと呼んでいるようでは、きちんとした権限移譲はできませんし、勤務医の先生方の成長も期待できません。当然、医院の規模を大きくすることなど、おぼつかない話です。

たかが呼び名＝言葉の問題と思うかもしれませんが、日本では言葉に宿ると信じられた霊的な力のことを言霊（ことだま）と呼んでいます。本当に霊力があるかはわからないにしても、口から出た言葉には、意外なほど強い力があることを忘れてはならないのです。

日常所作

価格や値段、料金と言うな

歯科医以外の一般の病院で、手術を受けるとします。そうした時に「この手術の価格は○○万円になります」と、看護師さんたちが説明するでしょうか？　否、必ず「治療費用」と言うと思います。

しかし、歯科ではなぜか「価格」とか「値段」と言う場合が多いように思います。試みにいろいろな歯科医院のホームページを見れば一目瞭然、料金や価格と書いてある歯科医院が圧倒的に多いのです。

では、こうした際には、何と言うのが正解なのでしょう？　正解はずばり、治療費用または略して費用です。

そもそも、価格・値段と費用はどう違うか、考えてみたことがありますか？　価格や値段というのは物品に使われる言葉です。つまり形のある物です。それに対し、費用とは物を含む場合もあると思いますが、多くはそれをつくる有形無形のプロセスへの対価を意味するのではないでしょうか。実際、何かの体験イベントなどの場合、価格と言うよりも費用と言ったほうがしっくりくるように思います。

ならばなぜ、歯科では価格や値段と言うようになってしまっているのでしょう？ これはやはり、補綴物という物を扱うことから、たとえばポーセレン一本＝価格・値段のようになってきてしまったのだと思います。歯科医療者からすれば、当然、形成や印象のプロセスもあることは承知のうえです。でも、患者さんへのわかりやすさという点で、材料の価格・値段と言ってしまっているのかもしれません。

ただ、この価格・値段という言い方は、時に患者さんに対し、歯科は医療ではなく物を売っているかのような勘違いを与えることがあります。

そのせいで、歯科では患者さんからしばしば「金を返せ」と言われてしまうのです。これが病院の場合、治療のあげくに亡くなっても、そんな言い方はされないでしょう。

皆さまも、ご自分の医院では、努めて治療費用と言うようにすることです。また、できれば費用の話は、歯科医師自身が行わないほうがいいように思います。

蛇足ながら歯科医師の場合、自分の医院を病院と言う人も結構おられます。しかし、これも大きな誤りです。法令上の病院とは、病床が20以上必要だからです。

いずれも細かいことのようですが、他の医療関係者と話した時に恥をかかないためにも、肝に銘じておきましょう。

日常所作

労働生産性と定位置

労働生産性とは、投入した労働力に対して、どれだけの利益が得られたかで表します。歯科医院の場合は投入した労働力に対し、得られた収入を割ったもの。ひとり当たりいくら稼ぎ出したかによって表します。これを上げるには総収入を上げるか、投入労働力を下げるかですが、スタッフ数は簡単には減らせないので、総収入を上げるしかありません。

この場合、総収入を上げる方法は3つ。商売なら、①客単価を上げる、②客数を増やす、③来院頻度を上げる――このなかで、歯科医療にも当てはまりそうなことは何でしょうか？

まずは客単価のアップ。保険診療の場合は点数が決まっており、勝手に上げることはできません。しかし、算定できる点数の研究や、施設基準などの認定資格を取得し、算定できる点数を細かくひろえば、意外にアップが可能です。ただ、歯科の場合に最も有効なのは、単価を自由に決められる自由診療を患者さんに選択してもらうことでしょう。

続いては、客数を増やす。これは「増患」という言葉がありますので、理解しやすいと思います。そこには、キャンセルを防いだり、治療の中断を防ぐ努力も含みます。そもそも、客数＝患者数を増やすのには、1日に診られる人数も大きく関係しているもの。1日に15人診られる先生と、30人診られる先生では、大きな違いがあるのは理解できると思います。つまり、診療が遅いか速いかも大きいのです。そして、診療が遅いか速いかには、ムダな探し物があるかないかが大きく関係してきます。歯科診療の場合、多くのマテリアルや器具があり、それらが見当たらず、治療中に探し物をしていることが結構ありませんか？あのバーがない、リムーバーがない、セットするはずの補綴物が見当たらない、模型がない……この探し物の時間を極力減らすと、診療速度は当然速まります。もちろん、助手や衛生士も探し物をしなくなる分、他の仕事をする時間に充てられるでしょう。

探し物をしないようにする具体例としては、診療用のワゴンの何番目には何というようにし、どのワゴンも同じようにしておくのです。ウレタンなどを器具の形に切り抜いて、そこに入れておくようにするのもひとつの手段です。そして、定位置の定期的な確認作業をする。始業前は当然として、その都度行う必要があるのです。補綴物の前日確認も非常に大事なことは、おわかりいただけると思います。

労働生産性を上げるための方法、最後のひとつは来院頻度を上げることですが、これは医療の場合、むやみに患者さんを呼ぶわけにはいきませんので、お勧めはできません。

日常所作

車で出勤するな、乗るなら大衆車

車が好きな歯科医が多いのは事実です。ただ、これが周囲からは意外なほど見られているのを意識しなければいけません。

たとえば、自宅開業の先生の車庫に高級車。以前はよく、このような光景が見られました。しかし現在では歯科医を取り巻く環境は厳しくなり、歯科医の皆さまも、そうした高級車にはおいそれと乗れなくなったと思います。それでも、経費で落とせる部分なので、いまだに見栄を張っている先生もいらっしゃるかもしれません。

自宅開業という場合には、よく考えてください。これは、ある内科医の先生の話ですが、家のガレージには国産大衆車を置き、ちょっと離れた車庫には高級外車。そうした気配りをするのが正解でしょう。とりわけ歯科医師の場合、自由診療が相当に高いイメージが広まっているため、高級車の所有すなわち自由診療でボロ儲けなどと要らぬ誤解を招きかねないのです。

最近では、確定申告時には車種によって経費として認めるかどうかは、あまり指摘されないように感じますが、税務署よりご近所の目を気にしたほうがよさそうです。

自宅開業ではなく、歯科医院が離れている場合、車通勤の先生も多いと思います。そんな場合も、外車など目立つ車種は避けたほうが賢明と言えます。これは服装についての項目でも書きましたが、世間の人々、特に患者さんたちは意外なほどにあなたを注目しているのです。だからと言って、ボロボロの車というのもおかしな話で、世間一般に見られる国産の大衆車なら誰からも文句は言われません。

昔のように、お医者さんだから高級外車でも仕方がないなどとは、今は誰も思ってくれないのを肝に銘じておくべきでしょう。

車に関して言えば、歯科医師には歩くのが嫌いな人が多いのにも驚かされます。どこに行くにもタクシー。経費で落とせるかもしれないとはいえ、健康にはよくありません。私も、以前は車通勤をしておりました。診療の終了時間が夜の9時という遅い時間帯だったこともありますが、現在は電車通勤に切り替え、ひと駅分は歩くことを心がけています。たんに歩くだけでも、カロリーは結構消費するものです。

お勧めは、スーツを着て電車通勤。遅刻もしなければ、帰りに一杯飲んで帰っても誰からもとがめられません。交通の便のよいところで開業している先生は、車通勤を見直してみるのもいいのではないでしょうか。

おわりに

本書中でも何度か触れたように、私は35年ほど前に開業し、今から8年前に現在の場所へ移転するまでユニット2台での診療を行ってきました。幸い時代にも恵まれ、自分自身多少とも経営努力をしてきたこともあって経営は安定。移転後は一転してどんどん拡張をし、現在では、私が院長を務める小机歯科医院ではユニット11台で毎日200人超の患者さんにご来院いただくまでになっています。

法人内にはほかに3カ所の歯科医院があり、そのすべてで盛業を維持できているのは、いらしてくださる患者さん、日々頑張ってくれているスタッフに感謝するばかりです。ただ、「はじめに」でも書いたような、いわば〝歯科医院淘汰の時代〟にあって、なぜ当会の医院は予約が取りづらいと言われるまでに経営が伸びているのか。それについては、これまでついぞ深く考えたことはありませんでした。

どうしてだろう? 変わり者で、診療の時間以外は多くパソコンの前に座り、いろいろと考えをめぐらすことの好きな私は、暇さえあればそのことを考えました……それも、できる限り具体的に。そして、とうとうここに1冊の本を出すに至ったのです。

考えてみれば妙な話で、これから開業する、あるいはご自分の歯科医院を経営している、そうした読者の皆さまは、ある意味、私にとっては経営上のライバルと言っていい存在。そうした方たちのために、自分自身の経験をもとに培った経営上のアイデアやヒントを、書籍――それも安価なペーパーバックスのスタイルで出版するというのは、繁盛のための〝企業秘密〟をすすんで明かしているようなものです。

じつは、そこには私なりのひとつの希望、実現したい夢があります。

それは、私が確立した「スーパー根管治療」を核にして、未来ある若い開業医の先生たちに治療技術の大幅な底上げと、健全な歯科医院経営を同時に実現していただく、ということです。

たとえ厳しい歯科医師淘汰の時代であれ、多くの患者さんは現在も根管治療を必要とされています。根管治療は、自分の歯を残すための最後の砦であり、ここで歯科医師の皆さまが踏ん張らないと、患者さんの歯はボロボロになるばかり。そんなことにならないよう、現在、根管治療が不得意で、結果的に歯を悪くさせている歯科医師の方にこのメソッドを広め、患者さんの歯と歯科医師の経営をともに守りたいというのが私の希望です。

このスーパー根管治療は、アメリカで一般的なCWCT法よりも優れ、根管治療をすることで骨の再生ができることが確認されています。しかも、従来のように歯科医師個々の経験と勘に頼った根管形成や根管充填ではなく、誰にもわかりやすく数値化して示せるため、しっかり講習を積めば、研修医でも行えるのが大きなメリットです。

スーパー根管治療については、私の前著『「だから歯が治らない」本物の根管治療を受ける』に詳しく記していますので、お読みいただければと思いますが、私自身はぜひ、これを若い開業医の皆さんの経営革新の起爆剤にしていただきたいと思っています。

具体的には、いまだ構想の域を出ていませんが、名づけて「スーパー根管治療（ＳＲＣＴ）認定医制度」と言い、そのすぐれた治療法を広く歯科学界にアピールする。これを学びたい歯科医師には、正式な講習会で必要な技術を身に着けていただき、一定の条件をクリアした歯科医師に証としての「認定医資格」を授与します。

これが実現すれば、歯科治療のなかでも最も困難な施術のひとつに数えられる根管治療のエキスパートとして、その技術上のアドバンテージが皆さまにとって〝淘汰〟されないための技術的裏づけになるでしょう。そして、そのためにも経営的裏付けという、もうひとつの〝武器〟をしっかりと手にしていただきたい。それが私に、本書を執筆させたのではないかと、書き終えた今はあらためて感じるのです。

経営的な安定がなければ、よい歯科医療は提供できません。それは、ひとりご自分のためだけではなく、スタッフの方々や出入りの業者さん、技工士さんの暮らしを守ることにもなります。かつて、医療で収益を上げるということは、ひたすら医師のためのお金儲けを意味するかのようにとらえられ、社会的に忌避される傾向がありましたが、そうではなく、しっかりと稼いで、それを経営の安定や業界の将来のために使う。これからは、そうした姿勢がいよいよ求められると思います。

技術面での遅ればかりでなく、原価率の何たるかもわからず、ひたすら患者さんの歯を削り、保険のレセプト稼ぎに血道をあげる。そんな、見通しのない歯科医院経営とは、一刻も早くさようならをしましょう。

若くファイトある開業医の皆さまには、ぜひ、ここにあげたふたつの〝武器〟をもって、ご自分の将来を切り拓いてください。そのお手伝いができるなら、同じ道を一歩先に歩む身として、これに過ぎる喜びはありません。

最後になりましたが、本書の刊行にご尽力いただいた、すべての方に心よりの御礼を申し上げます。

2018年6月

久保倉　弘孝

選ばれる
歯科医院のつくり方
2018年6月7日　初版第1刷発行

著者　医療法人社団　敬友会
　　　理事長　久保倉 弘孝

発行者 髙階 一博

発行所 日労研
〒171-0021
東京都豊島区西池袋 5-21-6
TEL　03-6915-2333
FAX　03-6915-2334

カバーデザイン　ウンノヨウジ
本文デザイン　江藤 亜由美（graphic works）
編集協力　入澤 誠

印刷・製本　丸井工文社